울지마라,
이것도
내 인생이다

살아가는 동안에 꼭 필요한 24가지 마음!

울지마라, 이것도 내 인생이다

**초판 1쇄 발행일 |** 2012년 3월 20일

**지은이 |** 오동명
**펴낸이 |** 이우희
**펴낸곳 |** 도서출판 좋은날들

**출판등록 |** 제2011-000196호
**등록일자 |** 2010년 9월 9일
**일원화공급처 |** (주)북새통
**주소 |** (121-842)서울시 마포구 서교동 465-4 광림빌딩 2층
**전화 |** 02-338-7270 · **팩스 |** 02-338-7160
**이메일 |** igooddays@naver.com
**디자인 |** **design Vita**

살아가는 동안에 꼭 필요한 24가지 마음!

# 울지 마라, 이것도 내 인생이다

오동명 지음

좋은날들

# 마음의 중심이 잡혀 있는 삶은
# 흔들리지 않습니다

강원도 춘천과 홍천, 대전을 거쳐 제주도의 남쪽 바닷가, 서귀포에 터를 잡은 지 이제 3년째 접어듭니다. 그전에 신문사를 제 발로 나올 무렵까지는 줄곧 서울서 살았고요.

자연에 안기는 느낌은 역시 강원도가 그만이었습니다. 소양강을 따라 자전거를 타거나 산길을 이리저리 둘러보노라면 그 품이 너무 아늑해 시간마저 더디 흐르는 듯합니다. 특히, 홍천의 산골 외딴집은 물이 잘 나오지 않고 추워서 그렇지 사시사철 휴가를 떠나온 느낌마저 들었습니다. 그리고 대학 강의를 맡은 게 인연이 되어 머무른 대전 유성에서는 한옥에서 두 해를 보냈는데, 어느 날 마당에 뱀이 출몰한 사건을 빼면 '집에서 쉰다'는 것의 참 뜻을 이해하는 계기가 되었습니다.

제주도는 아직 잘 모르겠습니다. 잠깐 다녀가기에는 더할 나위 없지만 외지인이 들어와 살기에는 제약이 적지 않을 거라는 게 솔직한 마음입니다. 한편으로는 그래도 대한민국에 이만한 곳이 있을까, 하는 생각도 드네요. 제주도에 처음 이사 왔을 때는 우리 동네 횟집의 진짜 자연산 맛 그리고 하늘이 무척 인상적이었습니다. '하늘이 이렇게도 예쁠 수 있구나'라는 생각에 깜짝 놀랐던 게 기억납니다. 우러러보지 않아도 시야에 들어오는, 하늘을 마주보는 것만으로도 참 행복하다는 생각이 들었습니다…….

삶은 태어나면서 이미 모든 게 결정되는 걸까요?

이제와 돌이켜보면 그처럼 여기저기를 떠돌지 않아도 좋았을지 모릅니다. 글을 쓰기에 한적한 장소를 찾는다는 핑계 외에도 내 삶을 스스로 선택하겠다는 의욕이 앞섰습니다. 삶의 주인 노릇을 하지 못하며 살아왔던 날들에 대한 반발 같은 것이었지요. 하지만, 내 마음에 물어봐도 되었을 것을 구태여 바깥으로 떠돈 게 아닌가 하는 생각도 듭니다.

우리 의지와는 별개로 삶은 시작에서부터 나뉘어 출발하는 듯 보이지만, 고정된 삶은 있을 수 없습니다. 하기야 태어나면서 모든 게 결정되는 삶이라면 그것만으로도 너무 슬프지 않을까요. 제 아무리 몸부림치든 내 안의 열정과 노력과 시간을 결국은 다 허사로 만들어버릴 테니까요. 마찬가지로 그 어디로 떠돈다고 해서 내 삶이 변화할 거라 믿는 것도 착각에 불과합니다.

내가 어디에 머물든 어떤 일을 하며 살아가든 정작 소중한 것은 마음먹기와 그 실천에 있습니다. 마음의 중심이 잡혀 있는 삶은 흔들리지 않습니다. 슬픔이 많다 하여 비관하지도, 기쁨이 적다 하여 의기소침하지도 않습니다. 더욱이 작고 사소한 일일지라도 마음먹은 바를 실천할 수 있는 사람은 조금씩 나아지고 행복해지는 삶을 경험하게 됩니다. 지금 머문 바로 그 자리에서라도 말입니다.

하지만, 세상은 내 마음처럼 쉽지 않고 주위를 돌아봐도 힘겹지 않은 삶이 없어 보입니다. 어디서부터 잘못되었고 또 내게는 무엇이 부족한 걸까요?

나는 이 같은 물음의 답을 마음에서 찾아보고자 했고 스물네 가지 마음으로 정리할 수 있었습니다. 마음에서 찾은 답이야말로 어쩌면 인생을 살아가는 가장 손쉬운 방법일지도 모르겠습니다. 책에는 부끄러워하는 마음, 나를 믿는 마음, 삶을 즐기려는 마음, 남을 의식하지 않는 마음 등등의 이야기 아래에 그림도 직접 그렸을 만큼 정성을 쏟았습니다. 이 마음들이, 세상일에 크게 힘들어하지 않고도 조금씩 행복해지는 마음먹기 연습, 세상살이의 힌트가 되기를 바랍니다.

내 삶의 주인은 나입니다. 나를 잃어버리고 살 때 우리는 방황하며 남을 기웃거립니다. 내가 없으면 나의 행복도 있을 수 없을진대, 세상일에 치이고 또 유혹에 휩쓸리다 보면 이 점을 잊고 살기 십상입니다.

살다보면 울어야 하고 주저앉아야 할 일이 적지 않지만, 그 무엇도 내 인생이라는 걸 안다면 우리는 다시 일어설 힘을 얻게 됩니다. 기쁨과 슬픔, 노여움과 즐거움이 번갈아가는 가운데 흔들리지 않는 마음만이 우리를 지켜줄 것입니다.


춘천으로 떠날 무렵에 알게 돼 오랫동안 친구처럼 그리고 형과 동생처럼 지내온 좋은날들 출판사 이우희 편집장께 감사한 마음을 드립니다. 감사한 마음이란 우선 나를 믿어준 마음이며, 다시 한 번 나를 돌아볼 기회를 주었기 때문입니다. 그것은 앞으로의 내 삶에 심어준, 그래서 따뜻한 넉넉함과 그래도 해낼 수 있다는 용기입니다.


제주도 남쪽 끝 바닷가 작은 마을에서
오동명

# 차례

나의 아들에게

그리고

.

.

.

삶에 익숙지 않은 모든 이들에게

# 부끄러워야 부끄럽지 않을 수 있다

· 부끄러워하는 마음 ·

'나는 행운아다.'

무료로 집에 배달돼 오는 잡지에서 우연히 읽었습니다. 요즘 한창 인기 있는 가수 아이유의 좌우명이라는군요. 어린 친구가 늙어가는 내 눈을 번쩍 뜨이게 합니다. 요것 봐라, 하며 마저 읽어보았는데, 30번 가까이 오디션에서 떨어진 경험이 있었답니다. 그런데도 나는 행운아나? 억지 자기암시였구나 했지만 그녀는 떨어져도 개의치 않았다는군요. 그럼 생각이 없는 아이?

아이유는 오디션의 합격에 연연해하는 대신 자기가 좋아하는 노래를 즐기고 내 노래를 남들이 어떻게 봐주나, 하며 이 또한 즐겼답니다. 이런 유형의 사람들은 흔히 자기만족, 즉 '자뻑'에 빠져 남이야 어떻게 보든 말든 막무가내인 경우가 많습니다. 그래서 대개는 부끄러움도 없지요.

하지만, 더 잘 아시죠? 아이유의 그 꾸밈없는 모습을 기억하시죠? 그녀에게서 보이는 성실함은 겉으로만 그렇게 보이는 게 아닙니다.

'나는 행운아다.'

이 좌우명 속에서 흔들리지 않는 꾸준함을 엿봅니다. 최선을 다하고 묵묵히 기다리는 여유도 비칩니다. 그녀의 행운 속에 '안 되면 말고'는 절대 없습니다. 자신의 처지를 부끄러워한다거나 의기소침해 주눅이 들지도 않습니다. 최선을 다하고 있다는 걸 스스로도 잘 알 테니까요. 이래서 오디션의 합격 여부에 전전긍긍하지 않고 즐길 수 있었나 봅니다.

박진영 씨가 그랬다는군요. 아이유를 보면 미안하다고요. 아마도 오디션에서 떨어뜨린 적이 있었나 봅니다. 이 말을 듣고 아이유는 어떤 생각을 했을까요?

"내 그럴 줄 알았어!" 자만했을까요?

"나를 못 알아보다니 참……." 오만했을까요?

"아저씨, 괜찮아요. 떨어져서 아쉽긴 했지만 난 아직 어리고 그 때문에 더 열심히 하게 됐으니까요."

아이유가 바로 곁에서 말해주는 듯 귓가에 맴돕니다.

"떨어뜨려줘서 고마워요. 그때 합격했다면 지금의 나, 아이유는 존재하지 않았을걸요. 오히려 고마우니까 미안해하실 필요 없어요. 박진영 아저씨!"

건방지지 않은 자신감이 느껴집니다. 스스로를 부끄러워하지 않고도 겸손한 그녀 모습이 떠오릅니다. '나는 행운아다'라고 당당하게 말하는 아이유가 살짝 부럽기까지 합니다…….


사실, 나는 그와는 반대로 살아왔었습니다.

‘나는 불운아다.’

이게 좌우명은 될 수 없겠지만 좌우지간 이 생각을 떨쳐버리지 못한 채 살아왔습니다. 작든 크든 좌절을 경험해본 사람이면 다 가져봤을 ‘나는 왜 이렇게 되는 게 없지……’라는 푸념은 ‘나는 불운아’의 또 다른 표현입니다.

아주 오래전 일입니다. 나는 대학에 입학하고서도 그 정문으로 다니지 못하고 후문 쪽인 대학 부속고등학교 정문을 통해 드나들었습니다. 훤한 대낮에 다니기를 꺼려 야간 수업을 듣기도 했습니다. “어디에 다니니?”라는 물음에 “○○ 고등학교” 하고 농담으로 넘겼지만, 이 말을 할 때마다 내 가슴을 스스로 박박 긁어대야 했습니다.

결국 2학년 때 중간고사 전 과목을 하나도 치르지 않아 제적을 당하고야 말았습니다. 객기도 아니고 오기도 아니고 그저 못나빠진 행동에 불과했습니다.

그 시절, 가방을 들고 집을 나서지만 학교 가는 중간쯤에 있는 피아노 학원으로 가곤 했습니다.

도레미파솔라시도, 다시 바이엘을 쳤습니다. 당연히 따분했겠지요. 피아노 학원 선생이 바이엘 몇 번을 연습하라고 했지만 선생이 나가고 없는 사이에 당시 유행하던 〈슬픈 로라〉라는 곡을 쳤습니다. 여동생한테 악보 없이 계명으로만, 손가락으로 외워 익혀둔 유일한 곡입니다. 옆방에서 선생들끼리 하는 소리가 들려왔습니다. 일부러 내 귀에 들리게끔 큰 소리로 말합니다.

"뭐하는 사람이야, 이 시간에. 치라는 건 안 치고 저 곡은 또 어떻게 배웠대?"

그 선생은 면전에서 나를 나무라지는 않았습니다. 아마 저러다 곧 학원을 때려치우고 말 것이라 여겼을 테지요. 실제로 두 달 만에 그렇게 되고 말았습니다.

그땐 부끄러운 줄도 몰랐습니다. 그때를 돌이켜 생각하면 지금은 정말 부끄럽습니다. 그땐 수치심도 없었습니다. 한참 지나서야 수치스러웠습니다.

내 처지를 부끄러워하지 말아야 한다고 해서 수치심도 모르라는 뜻은 아닐 것입니다. 그땐 오로지 못 들어간, 떨어진 대학에만 천착해 마음이 온통 그 하나에 꽂혀 있었습니다. 들어가지 못한 대학으로만 부끄럽다 했던 것이고 그 외의 행동에 대해선 전혀 아랑곳하지 않았습니다. 이후에도 얼마나 못난 짓인지 모르고 대학 생활을 했으니 그 생활이 재미있을 리도, 꿈을 이루기 위한 노력이 가능했을 리도 만무합니다.

## 나를 방치하게 만드는 중심화 현상

'중심화 현상'이라는 말이 있습니다. 대학 시절의 나는 마치 이 현상의 대표처럼 행동하고 있었습니다.

중심화 현상이란, 어떤 상황의 한쪽 면에만 초점을 맞추고 여타의 다른 면은 고려하지 않거나 못함으로써 비이성적, 비논리적으로 추론하고 행동하는 것을 뜻합니다. 예를 들어, 특별히 눈에 띄거나 흥미로운 자극에만 빠져드는 경향 등이 그렇습니다. '현상'이라는 용어까지 붙은 걸 보면 상당수 사람들에게 해당되는 전반적인 사회 현상에 속하는 것일 텐데, 당사자는 이를 깨닫기는커녕 이 현상에 더더욱 빠져드는 게 예사입니다.

자기주장만 앞세우는 것도 그렇습니다만, 유행 좇아가기나 군중심리에 휩쓸리는 일도 중심화 현상의 하나입니다. 유행 좇기나 군중심리는 주변의 대세에 휘둘리는 것이니 여기에 자기의지는 없습니다.

우리는 하루 중 많은 시간을 자기의지 없이 살아갑니다. TV 앞에서 특히 그렇습니다. 결정이 한쪽으로만 쏠려도 비이성적·비논리적으로 행동하게 마련인데, 하물며 자기의지를 버린 중심화 현상은 우매화와 다름없습니다. 결국 생각이 없는 사람들이 모여 생각을 죽이거나 생각을 하지 않는 사회가 되고 말 것입니다. 당연히 타성이란 게 퍼지겠지요. 온갖 불합리한 생각들이 당연한 것처럼 여겨집니다.

그 같은 중심화 현상이 나를 방치하게 만듭니다. 나는 되는 일이 하나도 없어, 하고 말입니다. 정작 내 삶을 망치는 것은 환경이 아니라 '나는 불운아다'라고 믿는 마음에 있다는 사실을 몰랐던 시절, 나는 소중한 젊음을 헛되고 허망하게 보내고 말 뻔했습니다.

다행히 나를 포기할 즈음 손에 들게 된 카메라는 한 대학에의 못나빠진 천착은 덜어내 주었지만 형태만 바뀌었을 뿐 여느 중심화 현상과 크게 다르지 않았습니다. 답답하고 암울해하던 현실을 잠시 잊을 수 있었으니 현실도피의 도구가 되었을 뿐이었지요.

카메라는 끝없는 듯한 흥미로 나를 자극했습니다. 나는 현실에 만족할 수 없었던 만큼이나 더더욱 카메라에 빠져들었습니다. 낚시의 대어 낚기 같은 잘 찍은 사진 한 장 따위로는 결코 흡족할 수가 없었습니다. 무언가 아쉬웠던 그 부족함은 사진을 찍는 기술이 아니라 사진을 보는 안목이었습니다.

사진을 제대로 찍으려면 우선 관련 책을 많이 읽어야 합니다. 사진을 찍기에 앞서 더욱 중요한 것은 피사체인 모든 사물, 현상, 세계를 정확히 이해하고자 하는 열망과 이해와 사랑을 통한 접근이라는 사실을 나중에야 깨달았습니다. 대학 시절, 우연히 한 장의 흑백사진을 보았을 때의 부끄러움이 나를 그렇게 이끌었습니다.

레너드 프리드leonard freed(1929~2006)의 사진집《Black in white》에 실린 사진으로, 1960년대 독일 베를린 장벽 앞에 서 있는 흑인 미군 병사를 찍은 것입니다. 사진만 보면 평범하기 이를 데 없었습니다. 장벽 앞에 한 흑인 병사가 총을 메고 우두커니 서 있을 뿐 이렇다 할 상황 따위는 전혀 없었으니까요.

'베를린 장벽을 배경으로 한 기념사진일 뿐이잖아?'

이렇게 생각하며 스쳐 지나칠 찰나였습니다. 문득 사진 옆에 있는 짧은 영문 글(캡션이라고 합니다.)을 읽는 순간 얼굴이 후끈 달아올랐습니다. 부끄러웠고 창피했던 거지요. 단순한 기념사진이 아니었고 사진에서 보이는 게 전부가 아니었습니다.

그 영문의 일부를 옮겨보겠습니다.

> 우리, 그와 나는 둘 다 미국인이다. 우리는 말없이 조용히 만났다. 우리 둘 사이에는 그의 뒤에 있는 상벽저럼 치명적인 또 다른 벽이 놓여 있다. 우리가 만나는 세계 어느 곳에서나 우리를 가르는 벽이 있으니, 바로 나는 백인이요 그는 흑인이다.

사진 속 흑인 병사는 웃고 있지만 약간 떨군 얼굴에서는 어색한 표정이 역력합니다. 이를 찍은 사진가, 프리드는 백인입니다. 이해가 되지요? 그는 사진에는 보이지 않는 숨겨진 현실을 글을 통해 드러내고자 했습니다. 흑인 병사만을 찍었지만 사진 밖에서 흑백이 대립되는 세상을 풍자했습니다. 요컨대, 사진 옆의 짧은 글은 또 하나의 '현실'입니다. 숨겨진 현실의 직시였고 이의 함축입니다.

나는 이 한 장의 사진을 통해, 사진은 사실의 기록이지만 그것이 언제나 진실일 수는 없다는 것을 깨달았습니다. 또한 카메라를 들이대기 전에 대상에 대한 적확한 지식과, 보이는 대로 무조건 받아들이지 않으려는 비판적인 사고를 갖추고자 노력하게 되었습니다.

그 같은 노력은 나의 부끄러운 자각에서 비롯되었습니다. 일회성 부끄러움으로 끝났다면 자각으로 이어지지 못할 감상에 그치고 말았을 것입니다. 감상은 감상만 양산해낼 뿐입니다. 늘 부끄러워만 하거나 늘 부러워만 하거나…….


## 부끄러움의 자각이 삶을 바꾼다

예전에 신문사 기자로 있을 때에도 참으로 부끄러운 일들이 많았습니다.

그 부끄러움은 언론이라는 거대 집단에서 개인인 나의 한계를 절감케 하고 자괴감에 빠뜨렸습니다. 가장 가까운 현장에서 본 것과는 다른 기사들로 인해 거짓 기사의 들러리 사진을 바친 공범 꼴이 되었기 때문입니다. 기사를 쓸 기회가 주어지지 않았던 사진기자였기에 자괴감은 더욱 심했습니다.

하지만 그 많은 봉급에 눈을 딱 감을 수 있었고, 그것도 끗발이라고 이름 뒤에 '○○일보 기자'라는 손바닥 크기만도 못한 작은 명함 하나에 귀 딱 막고 자리를 지킬 수 있었습니다.

나는 부끄러워하지 말아야 하는 상황에서 스스로를 부끄러워하면서도 그것이 왜 부끄러운지 몰랐습니다. 그래서 겉도는 삶을 살아야 했습니다. 마찬가지로, 정작 부끄러워해야 할 때 내면의 외침을 애써 모른 척하며 주어진 현실에 안주했습니다. 부끄러움에 대한 자각은 삶의 흐름을 바꿔놓을 만큼 큰 힘을 갖지만, 부끄러움을 인정하고 그 것을 떨쳐낼 용기를 내기란 여간 쉽지 않습니다. 내 자신의 삶은 온 데간데없이 온통 주변에 휩쓸려 살아가기 때문이니 이 역시 중심화 현상으로 이해할 수 있습니다.

이후 부끄러움이 더욱 깊어져서야 초년 시절의 다짐을 돌아볼 수 있었습니다. 바로 그 사진, 베를린 장벽 앞의 흑인 병사 사진이 다시 금 나의 얼굴을 붉혔습니다. 그 많은 봉급에도 부끄러웠고 그 알량한 끗발로도 부끄러웠습니다.

마침 다니던 신문사의 사주가 개인 비리 혐의로 검찰에 출두할 때 나의 부끄러움은 극으로 치닫고 있었습니다. 동료이자 선배이자 후 배인 기자들이 "사장님 힘내세요!" 하는 소리를 취재 마감을 위해 회 사로 들어가던 차량의 라디오에서 들었습니다.

'내가 그 자리에 있었다면? 오늘은 운이 좋았지만 내일 나도 그 자 리에서 그들처럼 똑같은 소리를 지르고 있을지 모른다.'

진정한 부끄러움은 자기의지를 자극해 그나마 덜 부끄럽게 할 행 동으로 이끄나 봅니다. 그날 나는 '언론 탄압이라고 주장만 하기에 앞 서'라는 제목의 대자보 한 장의 글로 기자 생활을 마무리하며 사회 공 범의 부끄러운 짓을 청산할 수 있었습니다. 부끄러워할 수 있었던 덕에 더 이상 부끄럽지 않은 삶을 바라볼 수 있게 된 것이지요.

나이 마흔셋, 이 나이가 되어서야 나는 비로소 난생처음 자립을 시도했습니다.


'나는 불운아다'라고만 여기며 살아온 세월을 떨쳐낸, 마흔셋에 내린 결정을 12년이 지난 지금 다시 돌이켜보면 '나는 행운아다'란 말이 절로 나옵니다. 물론 그 행운의 이면에는 몸살도 따랐지요. 그때의 몸살을 잊지 않기 위해 이메일 아이디를 momsal2000으로 쓰고 있는데, 그 같은 몸살은 이제 없습니다.

아이유는 아직 스무 살이 안 된 것으로 알고 있습니다. 마흔셋의 깨달음 '나는 행운아다'는 어린 아이유에 비하면 너무나 뒤늦은 자각이지만, 그 나이에라도 깨닫고 행동할 수 있었으니 '나는 행운아', 나에게도 맞는 말 같습니다. 스스로를 부끄러워하는 마음이 가져다준 행운이지요.

# 조금 더
# 행복해지기 연습

하루를 시작하는 아침과 하루를 마감하며 잠들기 전 이를 닦으며 거울 보기입니다. 하기는 하시죠? 그동안 무심코 거울을 보았을 것입니다. 이제부티 거울로 자기 얼굴을 들여다보며 나에 대해 생각해보기, 이를 닦으며 하루에 두 번 정도 해보면 어떨까요?

위인이나 성공한 자들의 얘기를 듣거나 읽으면 '나도!' 이러면서 힘을 내봅니다. 하지만 잠시, 그것도 극히 일순간뿐이지 않았나요? 그들의 성공은 결과만의 유혹이기에 공허할 수밖에 없습니다. 나와 그들의 처지는 아주 다릅니다. 나는 그가 아닙니다. 성공의 결과만을 놓고 따라하는 일은 중심화 현상의 또 다른 폐해를 초래하기 십상입니다. 흉내, 실패, 다시 흉내, 다시 실패하는 반복만이 이어질 뿐입니다.

스티브 잡스도 매일 아침 거울을 보며 스스로에게 물었답니다.

'오늘이 내 인생의 마지막 날이라면 지금 하려고 하는 일을 할 것인가?'

우리에게 필요한 것은 지금 당장 할 수 있는 작은 실천입니다. 뭐든지 좋습니다. 거울을 보며 스스로에게 물어보는 건 어떨까요?

# 일과 사람에 휘둘리지 않는다

· 중심을 잃지 않는 마음 ·

감귤 농사짓는 시골 농부가 내게 흑백사진을 배우고 있습니다. 저녁을 먹고 난 뒤 늘 그랬듯이 젊은 연예인들이 수다 떠는 TV 프로그램을 보고 있는데 불쑥 '이렇게 살아도 되나?' 싶었답니다. 그래서 인터넷을 뒤지다가 가까이 사는 나를 찾았다며, 이 인연으로 2주에 한 번쯤 곰팡내 나는 옛 필름 카메라를 매개로 우리는 만납니다.

## 감귤 농사짓는 농부의 꿈

"어떻게 배울 생각을 하셨어요?"

담뱃진 내가 풍겼고 햇볕에 그을린 거무튀튀한 얼굴에 배가 뽈록 나온 투박한 억양의 전형적인 한국 아저씨, 시골 농부였습니다. 육체노동으로 몸을 혹사시키며 살아온 중년 농부가 무언가를 배워보겠다는 게 신기했습니다. 한편으로 무척 반가웠습니다. 젊어서 공부 꽤나 했다는 주변 친구들이 책이나 공부와는 거의 담을 쌓고 지내는 것을 보아왔던 내게 농부는 신선함으로 다가왔습니다.

"불안하더라고요. 비록 농사꾼이라도 인간인데 이게 사람 사는 것인가 싶고요. 늘 똑같은 일만 반복되니……"

여기서 잠깐 멈추더니 그는 계속 말했습니다.

"이러다가 죽는 거로구나, 생각하니 내 자신이 너무나 하찮게 보이네요. 〈동물의 왕국〉에 나오는 동물들과 뭐 다를 게 있나 싶기도 하고요. 하나님이 세상에 내보낼 때는 누구에게나 소명 하나는 꼭 주신다고 교회에서 들었는데, 소명은 살아야 하는 이유가 아닌가요?"

"다른 걸 해보고 싶은 건가요?"

그가 싸들고 온 하우스 감귤을 함께 까먹으며 내가 물었습니다. 농부는 고개를 젓습니다.

"배운 거라곤 농사일밖에 없는데 뭘 배울 능력이나 있겠어요? 그저 남들 다 갖는 취미나 하나 있으면 족하다는 생각입니다. 만날 같은 일만 하며 살아왔는데 색다른 것도 좀 하며 살 수는 없을까 해서요. 나 같은 무지렁이도 가능할까요?"

농부의 질문에, 이것저것 찔끔 기웃거리는 취미 말고 한껏 빠져드는 취미가 있으면 삶이 주변에 휘둘리지 않을 거라는 말과 또 이런 이야기를 들려줬습니다.

"여기서 50km 가량 떨어진 조수리라는 마을에 조수 교회가 있습니다. 참 예쁜 교회입니다. 그런데 더 아름다운 건 한낱 시골 교회이지만 그곳에서는 2년마다 비엔날레와 축하 콘서트가 열린다는 겁니다. 여기에 연극인 박정자 씨가 우정 출연을 했습니다. 그분이 얘기하더군요. '제주 바닷가를 걷다가 우연히 1평 남짓 작은 컨테이너에서 차를 팔고 간단한 식사도 파는 곳을 봤습니다. 그런 컨테이너를 하나 사서 봄에는 노란 유채색을, 여름엔 하늘색을, 가을엔 낙엽 닮은 갈색을, 겨울엔 눈같이 하얀 흰색이 좋을까요? 이렇게 계절마다 색을 바꿔 입히며 거기를 지나는 사람과 만나 얘기 나눌 수 있게 나도 자그마한 찻집을 꾸려보는 게 꿈입니다. 차 팔아서 손주 용돈도 좀 벌고요. 내 나이 일흔 둘인데, 이런 꿈 어때요?' 하더군요. 저는 그 이야기를 들으면서 꿈으로 남겨두시지 말고 꼭 직접 해보시기를 바란다고 기독교 신자도 아닌 제가 빌어드렸습니다."

사람은 누구나 꿈을 갖습니다. 하지만 실천을 하느냐 말로만 하고 마느냐, 그에 따라 삶은 전혀 다른 의미를 갖게 됩니다.

이후 농부는 농사일 틈틈이 짬을 내 붉은 등불 아래 암실에서 꽤나 열심히 흑백사진을 굽곤 합니다.

"선생님, 사진이 돈이 되고 밥이 되는 것도 아닌데 뭔지 모를 가슴 뿌듯한 행복감을 주네요."

"귀찮아 보이는 작업이지만 손수 만들었기 때문일 겁니다. 요즘 세상일이 다 시켜서 하는 일들이 많잖습니까? 그동안 마음에 드는 사진이 나왔나요?"

농부는 최근에 얻은 손녀를 찍어 직접 뽑은 흑백사진을 아들과 며느리에게 선물할 때 무어라 표현할 수 없는 뿌듯함을 느꼈다고 합니다. 좀 더 실력이 늘면 동네의 할머니 할아버지 영정 사진을 흑백으로 찍어드리겠다고 합니다. 농부의 꿈입니다. 실현 가능한 꿈이지요.

'사람은 어떻게 살아야 하는가?'

《빙점》의 작가 미우라 아야코는 평생 그의 소설에 이 화두를 담아 냈다지만 어찌 이 소설가만의 관심이며 고민일까요? 우리 모두는 늘 어떻게 살아야 하는가, 스스로에게 묻곤 합니다. 농부는 작은 사진 한 장에서 그 대답을 찾은 것인지도 모릅니다.

"진작 배웠더라면 아내가 죽기 전에 흑백사진이라도 찍어줬을 텐데……."

농부는 자기의 영정 사진도 손수 준비하겠다고 합니다. 이 말에 그에게 화가들의 자화상을 펼쳐보였습니다. 삶은 죽는 게 목적이 아니니, 영정 사진이 아니라 자화상을 찍자고 제안했습니다.


## 나는 나의 권력자가 되어야 한다

프랑스 절대왕권의 길을 연 루이 13세와 어릿광대의 대화가 빅토르 위고의 희곡에 나옵니다.

> 왕: 짐이 원하면 천하를 다 내 손아귀에 넣을 수 있을 거라고 생각하느냐?
> 광대: '내 무얼 알고 있겠사옵니까?'라고 몽테뉴처럼 대답하든, 라블레라면
> '아마도 어쩌면'이라고 대답할 것 같습니다.

삶에 대해 정답을 얻으려는 자체가 무리일 수 있습니다. 어쩌면 우리 동네 농부가 철학자보다 더 정답에 가까운 삶을 영위하고 있는지도 모릅니다. 하지만 이 또한 '내 무얼 알고 있겠습니까.'

그러나 이것 하나, 중심을 잃지 않는 마음은 '어떻게 살 것인가?'의 질문과 대답 사이에 필히 놓여 있어야 하지 않을까요. 온갖 유혹이 넘치는 세상에서는 그래야만 질문도 대답도 진지해집니다.

'중심을 잃지 않는 마음'은 중용中庸이란 단어를 떠올리게 합니다. 그런데, 이 단어를 함부로 쓰는 경향이 있습니다. '가운데'라는 의미로 중용을 착각합니다. 자리나 위치의 개념으로 오해하고 오용합니다. 오불관언, 나와는 상관없다는 무관심으로까지 포장하기도 합니다. 오용도 포장도 다 중용과 공자를 모독하는 일입니다. 중용의 '용'은 '떳떳함'입니다. 떳떳함이 배제된 중간 입장은 어중간함, 어쭙잖음에 불과합니다.

한편으로 권력權力의 '권'자는 '저울추'를 의미합니다. 어디에 놓느냐 또는 어디에 놓이느냐에 따라 힘의 중심, 즉 권력이 움직입니다. 권력은 저울추의 무게와 더불어 위치도 중요하게 작용합니다. 무게만의 권력은 오로지 힘만을 가진 절대 권력으로 변하기 쉽습니다. 위치는 힘의 중심을 좌우하기도 하므로, 위치는 성향이며 지향이며 주의가 됩니다. 바로 권력의 성격을 의미합니다.

시소 놀이를 떠올려볼까요? 가벼운 아이와 무거운 어른이 시소의 양쪽에 앉으면 아이는 하늘로 날아가버릴 것입니다. 이래서 어른은 아이 쪽으로 다가가 앉습니다. 균형을 잡아 아이와 어른 사이를 안정시킵니다. 서로의 몸무게와 중심과의 거리를 조율해 맞추는 것입니다. 이렇게 맞춰나가는 것은 힘이 아니라 조율이며, 조율은 상대에 대한 배려로부터 시작합니다. 이럴 때 시소는 중심을 잃지 않습니다.

삶도 이와 같습니다. 지향코자 하는 이상과 지금의 현실 사이에는 조율의 지혜가 필요합니다. 이상과 현실을 양쪽의 시소에 앉혔다고 가정합니다. 이상의 무게와 현실의 무게로 시소 놀이를 즐기려면 이상과 현실의 무게를 줄이고 늘리기보다는 그 사이의 거리를 조절함으로써, 즉 이상으로 현실이 다가가든 현실 쪽으로 이상이 다가와야 조화를 꾀할 수 있습니다.

이때 거리를 좁히고 다가가는 것의 주체는 그 놀이를 즐기는 '나'입니다. 나는 나의 권력자가 되어야 합니다. 내가 중심과 위치를 조절하고 조율하는 주체이며 주인입니다. 이 권력을 남에 의한, 남을 위한, 남의 단어로 넘겨줘서는 안 됩니다. 당연히 나에게로 권력을 끌어들여야 합니다.

이제, 권력은 나를 위한 단어가 됩니다. 나는 권력자다, 이러한 자각과 인식이 내 삶을 주체적으로 이끄는 힘이 됩니다.

## 세상의 변화는 나로부터 시작된다

앞서 얘기한 시골 농부 역시 비로소 자신의 삶의 권력자가 되었습니다. 끌려가기만 했던 과거의 삶 대신 내 스스로 나를 이끌어가는 삶, 주체적인 삶이 무엇인지를 작은 취미 하나로써 익혀 갑니다.

시골 농부가 그랬듯이 내가 권력의 주체가 될 때 행복은 비로소 싹을 틔웁니다. 또한 이 행복은 나를 넘어 주변으로 퍼져나갑니다.

1950년대 일본 규슈 지방의 미야자키 현 동해안, 고지마라는 무인도에서 일어난 일입니다. 그곳의 원숭이가 고구마를 물에 씻어 먹었습니다. 이를 본 다른 원숭이들이 따라했습니다. 이후 고지마 섬에 사는 원숭이뿐 아니라 다른 지역의 원숭이도 이와 똑같은 행위를 보였습니다. 서로 접촉이 전혀 없었고 의사소통도 할 수 없는 상황에서 마치 인간의 미디어처럼 신호를 주고받기라도 한 것 같은 일이 벌어졌습니다. 이것을 보고 미국의 과학자, 라이언 왓슨이 '100마리째 원숭이 현상the hundredth monkey meme'이라고 이름을 붙였답니다. 이처럼 100마리째 원숭이 현상은, 어떤 행위를 하는 개체수가 일정량에 도달하면 그 행위는 해당 집단에 국한하지 않고 공간을 넘어 확산되어 간다는 것을 말합니다.

원숭이도 이러할진대 소통의 도구를 훨씬 많이 갖고 있는 사람은 어떨까요? 자유와 행복의 전염은 사람들 모두를 더 자유롭고 더 행복하게 해줄 것입니다.

평생 농사만 짓던 50대 중반의 시골 농부는 동네 창고에 작은 흑백 사진 암실을 만들어 이웃 농부도 함께 공유하면 좋겠다고 합니다. 바로 이런 거지요. 진정성이 깃든 일은 혼자, 홀로 즐기게만 놔두질 않습니다. '시골 농부 현상'이라는 말이 제주도 남단의 작은 어촌 마을에 생겨나는 게 아닌지 모르겠습니다.

그 효과는 바로 나타나고 있습니다. 함께 배우는 30대 후반 노총각을 자극합니다. 선생인 나도 곁에서 거듭니다.

"당신은 사진 전문가인 나도 감히 찍어내지 못할 사진을 찍을 수 있어요. 전봇대 꼭대기에서 내려다보는, 또는 거기서 멀리 내다보는 전깃줄의 세상을 사진에 담아보면 어때요?"

그는 전기공입니다. 하루에도 수차례 전봇대를 탑니다. 일반인들이 위험하게 느끼는 높이에서 바라본 세상은 왠지 다르게 보일 듯했습니다. 이를 카메라에 담아본다면? 그가 두 눈을 휘둥그레 떠보이더니 이내 어깨를 으쓱하며 우쭐해합니다. '전염'이 된 것 같습니다.

중심을 잃지 않는 나로부터 세상의 변화는 시작됩니다. 권력의 주체, 내 인생의 주인은 바로 나입니다.

'난 그림을 못 그려!'

서툴다고 주저하지 말고 자기 얼굴, 자화상을 그려봅니다. 아무리 그림을 잘 그리는 화가도 내 얼굴을 더 생생하게 표현할 수는 없습니다. 나보다 나를 더 잘 아는 이는 세상에 없으니까요.

그림을 못 그린다고 주저할 건가요? 바쁘다는 핑계로 생각만으로 때울 심산인가요? 자화상 그리기는 자기의 내면을 들여다보고 나를 확인하는 시간이 되어줍니다. 메모하듯, 낙서하듯 자화상 그리기로부터 나 자신의 삶, 중심을 잃지 않는 삶을 시작해봅니다.

다음 문장이 자화상을 그리는 우리 마음에 와 닿을 것 같아 옮깁니다. 《혼불》을 쓰신 최명희 님의 말씀입니다.

"다만 저는, 제 고향 땅의 모국어에 의지하여 문장 하나를 세우고, 그 문장 하나에 의지하여 한 세계를 세워보려고 합니다. 한없이 고단한 길이겠지만, 이 길의 끝에 이르면, 저는, 저의 삶과, 저 자신이, 서로 깊은 화해를 이루기를 바랍니다."

# 지금 있는 자리에서 도망가지 않는다

· 지금을 소중히 여기는 마음 ·

덧없이 흐르는 세월 속에는 지금의 소중함이 역설적으로 숨어 있습니다. 바로 이 순간에도 지금은 지나가고 있으며 한번 지나간 지금은 두 번 다시 되돌릴 수 없습니다. 지금이 지나간 뒷자리에는 후회와 안타까움이 남아 그때 그 시절을 떠올리게 할 뿐입니다.

금값이 엄청 뛰고 있다지만 아무리 오르더라도 '지금'이란 금값에는 하늘 아래 뫼山일 뿐입니다.

"내 이럴 줄 알았더라면……."

입버릇처럼 지난날을 후회합니다. 이럴 줄 몰랐다는 것도 스스로에게 하는 거짓이겠지만, 여전히 지금을 소홀히 하고 홀대하는 태도를 바꾸려고 하지 않습니다. 세상에 지금만큼 소중한 게 있을까요? 지금은 누구에게나 주어지지만 그럼에도 지금의 가치가 모두에게 똑같지는 않습니다.


## 삶은 지금이라는 궤적의 합이다

'인생의 목적은 죽음이 아니다.'

이 말을 아리스토텔레스만 깨닫지는 않았을 것입니다. 호랑이는 죽어 가죽을 남기고 사람은 이름을 남긴다는 말도 남겨지는 이름이 중요한 게 아니라 그가 살아온 행적으로 그 이름을 기억한다는 뜻임을 모르는 이 없을 것입니다.

삶의 행적은 지금이라는 궤적의 총합입니다. 지금이 모이고 쌓여 지나간 발자취, 행적行蹟을 만듭니다. 하지만 우리의 마음은 지금의 소중함을 잘 모릅니다. 결과에 들뜨고 과거에 사로잡혀 지금을 흘려보내기 일쑤입니다.

남이 이룬 성과에만 마음을 빼앗겨 성공이라는 그들의 결과물에 감탄하고 부러워합니다. 그 겉모습만을 따라하려고 안달이 납니다. 역경을 이겨내고 실패를 극복한 몇몇 이야기에 취해 결과의 번지르르한 과일만을 발췌하여 기억에 담아둡니다. 마치 백과사전의 기록처럼 말입니다. 사과는 언제 꽃이 피고 열매는 언제 열리며 수확은 어떻게 할 수 있다고 쓰인 백과사전같이, 그 대략의 과정만이 성공의 전부인 양 착각합니다.

무언가를 이루고자 마음을 먹었다면 지금에 충실해야 합니다. 지금이 없는 결과는 없습니다. 좀 더 나은 삶을 바란다면 그 단면인 지금을 돌아봐야 합니다. 지금이란 단어에는 우선 내가 들어 있습니다. 무엇을 해야 하는지를 결정하는 나의 역할이 들어 있고, 그 역할을 제대로 수행하는지를 가늠하는 나의 책임이 들어 있습니다.

지나간 지금을 수시로 평가해야 합니다. 이 또한 나의 몫입니다. 지난날의 궤적이 되는 무수한 결과 속에서 지금을 으뜸에 놓고 '지나간 지금'을 평가합니다.

무언가를 얻어내기 위해 바쳐지는 시간이라면, 지금의 자리는 언제나 무겁고 버겁습니다. 누구에게나 지금은 어렵고 힘듭니다. 말이나 글은 늘 쉽게 느껴지는 법일 테니, 나를 둘러싸고 있는 지금이라는 현실을 하나하나 돌아보기 바랍니다. 학업, 회사생활, 진로, 가정, 이성 문제 등등에서 현실은 어떤가요? 또 이들 문제는 나의 미래를 어떻게 결정지을까요? 꿈을 포기할 생각이 없다면 스스로 지금과 부딪히는 노력과 그 고달픔을 마다하지 않아야 합니다. 미래를 꿈꾸는 사람에게 쉬운 지금이란 있을 수 없습니다.

## 내 인생의 무늬가 지닌 가치

삶의 굴레로부터 자유를 갈구하는 인간 의식의 여정을 그린 서머싯 몸의 소설 《인간의 굴레》에 나오는 이야기를 들려드릴까 합니다. 주인공 필립이 한때 큰 어려움에 빠져 있었나 봅니다. 그때 그는 떠올렸답니다.

동양의 어느 임금이 총애하는 신하에게 인간의 역사를 5백 권의 책으로 저술하라고 명령을 내렸습니다. 그 역사가 만만치 않을 거라는 생각에 5백 권이나 되는 분량을 주문했던 거지요.

하지만 나랏일을 보느라 5백 권의 역사를 읽을 겨를이 없자, 다시 50권으로 줄이라고 명령했습니다. 충직한 신하는 20년 동안 50권으로 줄였으나 이제는 임금이 늙어 50권조차 읽기가 여의치 않았습니다. 더 줄이라고 했겠지요. 또 20년이 걸려 5권으로 인간의 역사를 축약했지만 이제는 노안으로 그조차도 읽을 수 없었습니다. 또다시 1권으로 줄였으나 임금은 결국 병상에 눕게 되었고, 병상에서 임금은 인간의 역사를 한 줄로 줄여 말하라고 했답니다.

"사람은 나서 고생하고 그러다가 죽습니다."

신하의 답변입니다. 이 말에 필립은 다소 위안이 되긴 했지만 여전히 뭔가가 부족했습니다. 그때 젊은 나이에 죽은 시인이 그에게 선물한 페르시아 융단을 떠올리며 그 선물의 의미를 되새기게 됩니다.

직공이 정교한 무늬를 짤 때 아름다움만을 만족시키기 위해 완성하고자 했다면, 인간은 한 평생 그 목적만으로 살아도 될 것이다. 하지만 인생은 단순히 한 조각의 무늬로 볼 수 있다. 삶은 이렇게 단순할 수도 있다. 완성에만 목적을 두고 연연해할 필요가 있을까? 아름다운 완성품이 아니라 그 일부인 무늬를 어떻게 짤 것인가, 이것이 더 중요하리라.

필립은 인생을 '양탄자에 수놓인 무늬'로 이해한 것입니다. 그 무늬를 모방만 했는지, 남의 것을 훔쳐왔는지, 남을 시켜 만들었는지, 한편으로 보잘것없다손 치더라도 스스로 짰는지 자문하게 되었고, 이윽고 자기 스스로 짜는 것에 삶의 의미를 두게 되었습니다.

이왕이면 아름다운 무늬를 짤 수 있으면 좋겠지만, 남이 짜놓은 아름다운 무늬와 내가 손수 짠 추한 무늬는 비교부터가 불가합니다. 남의 무늬는 돈을 주고 사면 그뿐이지만, 내 것에는 돈으로 환산할 수 없는 그 무엇이 있습니다. 그것이 비록 추해 보인다고 하더라도 말입니다. 정성을 들여 짠 무늬는 아쉬움이 있는 한편으로 만족을 주게 됩니다. 남의 아름다운 무늬는 벽에 걸어두고 보는 전시용이지만, 내 정성이 깃든 무늬는 가슴에 소중히 품는 간직용입니다.


## 동물은 등산을 즐기지 않는다

2009년과 2010년, 네 번에 나누어 총 60여 일 동안 일본의 규슈 지방을 자전거로 돌았습니다. 총 거리는 대략 3,000km쯤 될 것입니다. 서울과 부산 사이를 왕복 세 번 이상 다녀온 거리입니다. 54살에 이 일을 해냈으니 내 가슴에는 무엇으로도 비교할 수 없는 행복이 가득했습니다.

일본은 우리나라보다 높은 산이 많고 산세의 기복도 더 심합니다. 하지만 이곳을 거의 자전거로만 돌았습니다. 문득문득 자전거로 달리던 길이나 여행길에 머문 온천의 뜨거운 탕을 떠올릴 때면 미소가 절로 나오곤 합니다. 힘들었던 만큼 추억이 깊어지는 것이지요.

일본 자전거 여행 이야기를 사람들에게 들려주면 그들의 반응은 대개 이렇습니다.

"아니, 차로 가시지. 왜?"

왜 사서 고생하느냐고 묻습니다. 아침 이슬로 유명한 유후인 온천을 누가 다녀왔다기에 "난 자전거로 갔었는데." 하면 깜짝 놀랍니다. 구로가와 온천, 화산 폭발이 여전히 진행 중인 아소산도 마찬가지입니다. 믿지 않으려고 합니다.

차로 가도 되는 길을 굳이 자전거로 올랐다는 사실을 이해 못 하는 사람들은 직접 짜는 무늬의 즐거움을 모르기 때문입니다. 차를 타고 편하게 다니면서 구경한다면 눈만이 즐겁지만, 직접 고생하며 오른 길과 고생 이후 온천에서의 달콤한 휴식은 몸이 함께 즐겁습니다.

젊지 않은 나이에 대단하다고요? 일본을 자전거로 돌면서 길에서 우연히 만난 일본인들에게 가장 많이 들은 말도 바로 '스고이(대단하다)'였습니다. 하지만 막상 나를 실제로 보면 '애걔걔, 나도 하겠다'는 생각이 들 것 같습니다. 저 나이, 저 몸으로도 해냈다고 자신감이 들 테니까요. 나는 누구에게나 참 만만하게 생겨먹었거든요…….

아리스토텔레스는 어떤 사물이든 그 사물의 완전한 상태가 있다고 봤습니다. 즉 가장 연필다운 연필, 가장 개다운 개, 가장 사람다운 사람이 있다고 생각한 것입니다. 가장 나다운 나도 이에 해당되겠지요.

자전거로 오른 규슈의 운젠 지고쿠 雲仙地獄

여기에 도덕성이 보태지면 사람다움을 이룬 덕 있는 자가 됩니다. 그리고 이 세상에 존재하는 모든 것은 운동을 하는데, 이 운동은 '엔텔레케이아entelecheia'를 이루기 위해 움직인다고 했습니다. 엔텔레케이아는 목적을 달성하여 완전한 상태에 있는 것, 즉 '완전현실태'를 의미합니다. 또 아리스토텔레스에 따르면, 인간은 식물의 부분(몸, 육체의 유지)과 동물의 부분(감각기능)에 제3의 부분으로 영혼의 부분이 있다고 했습니다. 정신의 영역인 영혼은 동물이 갖고 있지 못한 부분입니다. 그는 이 세 가지가 조화롭게 합쳐질 때 비로소 가장 사람다운 사람이 된다고 보았고 동시에 인간은 스스로를 완전한 상태로 만들어야 하는 과제를 안고 산다고 했습니다.

참 어려운 깨달음이지요? 나는 이것을 간단히 '지금에 충실하라'로 이해합니다. 쫓겨서 살지 않으려고 합니다. 크게 욕심 내지 않고 하고 싶은 일들을 뒤로 무작정 미루지 않습니다. 이루지 못한 꿈에 얽매여 하루하루 심각해지기보다는 내가 할 수 있는 것, 작지만 소중한 것들에 의미를 부여하며 지금 있는 자리에서 이 순간을 살고자 노력합니다.

이게 사람과 동물의 차이가 아닐까요? 동물은 등산을 하지 않습니다. 먹이를 구하는 일 외에 일부러 높은 산을 오르는 수고로움을 견디지 못합니다. 수고가 가져오는 즐거움을 모르기 때문입니다.

# 행복해지기 연습

일본에서 자전거로 아침 일찍 또는 해질녘에 동네를 돌다보면 제 집 앞을 쓸고 있는 사람들을 자주 만납니다. 그들을 보면 인사가 절로 나옵니다. 처음 보는 사이지만 말을 주고받는 게 전혀 이색하지도 않습니다.

그처럼 내 집 앞 거리를 매일 쓸어보면 어떨까요? 조간신문을 들고 오기 전에 빗질부터 시작하는 아침, 몸 건강에 좋은 것은 물론이거니와 아침을 상쾌하게 맞이하게 해줍니다.

착한 일을 하고 나면 왠지 모르게 마음이 뿌듯해지는 경험을 한 적이 있을 것입니다. 사소한 일 같지만 이런 일들이 행복한 마음을 들게 해줍니다. 사람 마음의 아주 자연스런 반응입니다.

아침마다 거리 쓸기가 결코 쉬운 일은 아닙니다만, 무엇 하나 내가 제대로 할 수 있는 일을 만드는 건 그 자체로 큰 의미가 있습니다. 어떤 일에서 성취의 느낌을 알게 되면 또 다른 성취에의 도전도 훨씬 수월해집니다. 성공의 단계를 차츰 높여갈 수 있는 것이지요.

# 자유롭게, 그러나 고독하게!

## • 남을 의식하지 않는 마음 •

〈나는 가수다〉라는 TV 프로그램으로 일약 스타가 된 가수를 누가 들먹거립니다. 노래도 잘하지만 노래하는 모습을 보면 쏙 빠져들게 한다는 것이었습니다. 노래를 들어보고 열창 장면도 동영상으로 봤습니다만 나의 소감은 삐딱했습니다.

"목울대 부분을 아래턱으로 누르고 입을 옆으로 늘리면서 코맹맹이 비음으로 부르면 누구나 그렇게 부를 수 있어. 그리고 그런 노래 부르는데 감정을 싣지 못하는 게 이상하지. 대단치도 않은 걸 대단한 양 야단들이야!"

요즘 미디어의 행태에 잔뜩 못마땅하기도 했지만 이에 휩쓸려 난리를 치는 이들도 마뜩치가 않았던 거지요. 물론 '누구나 그렇게 부를 수 있다'는 말은 나의 객기나 호기이기도 했습니다.

"그래?"

이렇게 해서 몇 년 만에 후배들과 노래방에 갔습니다. 목울대를 누르고 입 옆으로 찢고 코에 바람을 잔뜩 넣어 불렀지만 반응은 영 썰렁합니다.

"걔네들은 노래 하나를 TV에 내놓기 위해 적어도 천 번 이상 부르거든. 그리고 왜들 짝퉁에 야단인지 모르겠다. 원조, 윤복희가 훨씬 낫

더구만."

　그러면서 '나가수' 프로그램까지 싸잡아 헐뜯기 시작했습니다. 나에 대한 사랑이 지나쳐 자아도취에 빠져 사는 제 일부분을 보여드렸습니다. 그런데 나만 이런가요? 노래방에 가면 남의 노래를 들어주는 분위기를 느끼기가 힘듭니다. 자기 노래하기에 바쁩니다. 그래서 박수도 야박하기 그지없습니다. 한편으로 이런 이들이 TV에서, 그것도 유행 프로그램과 유명인에게는 열렬 박수를 보내며 대세의 흐름을 좇습니다. 참으로 헷갈리지 않을 수 없습니다.

　이런 기현상을 크게 확대해보면 사대주의나 노예근성과 유사합니다. 이 같은 성향은 우리 사회에 너무나 팽배해 있습니다. 자기보다 못한 것들은 마구 짓누르지만(노예근성) 자기보다 훨씬 낫다 싶으면 비굴할 정도로 굴종합니다(사대주의). 더 웃지 못할 일은, 이 사이에서 사람이든 현상이든 자기와 엇비슷한 것에 대해 무시하고 폄하하는 이중적 태도를 보입니다. 자기부정이며 진정한 자기애의 결핍입니다. 우리 역사의 흐름과 무관하지 않지만, 어떻든 노래방에서 남의 노래를 잘 들어주지 않는 게 바로 이 경우입니다.

　제주 올레길은 유행의 길로 타락한 지 이미 오래되었습니다. 걷기의 진정한 즐거움이 상실된 채 이벤트의 길, 오로지 코스의 길만 존재합니다. 코스에 집착하는 도장 찍기 답사, 인증 샷 찍기의 장에 불과합니다. 1코스 개통식에서 사진 찍기부터 했듯이 올레길은 시작부터 몇 사람에 의해 그렇게 기획된 듯합니다. 그럴 바에야 박정희가 고속도로 만들어놓고 개통식 하는 것과 무엇이 다를까요. 그들에겐 "몇 코스 다녀왔니?"가 화두이지, 걷다가 느낀 소회를 안고 오는 이들을 만나기가 쉽지 않습니다.

외국 여행지에서도 한국인을 자주 봅니다. 여기저기서 한국어가 들려옵니다. 하지만 다녀갔다는 데에만 의의를 두는 여행이라면 무슨 의미가 있을까요? 일례로, 일본 규슈의 구마모토 성은 대단합니다. 그러나 그 성을 축성한 자가 임진왜란과 정유재란 때 왜군의 사령관으로 침략자란 사실에는 무관심합니다. 여행이니 가벼워도 좋습니다. 오히려 가벼워야 하겠지요. 그러나 가벼움이 무지가 되어서는 안 될 것입니다. 무지는 무식입니다.

태평양의 섬 괌에도 한국말은 자주 들립니다. 다만, 모두 값비싼 호텔 주변에서뿐입니다. 조금 벗어나 더 멋진, 외곽의 잘 알려지지 않은 곳에는 일본말이 더 많이 들립니다. 이름난 곳만 몰려가는 여행, 한국인의 여행 패턴입니다. 해외에 나가서까지, 해외에 나갈 능력을 갖췄음에도 불구하고 한국을 버리지 못하는 지극한 애국정신(?)이라면 해외 자유여행의 의미는커녕 오히려 협한 코스모폴리탄, 방문국 숫자 늘리기에 급급한 '무늬만 여행'으로까지 보입니다. 유행 좇기의 하나가 되어버린 것이지요.

## 내 안에 내가 없다는 것

유행 좇기는 달리 말하면 '자기 버리기'와 다름없습니다. 유행 속에 들어가 있을 때 덜 불안하고 안정감을 느낀다고 심리학자들은 말합니다. 이는 사회현상을 설명하는 것이지, 이것이 옳다거나 바람직하다는 얘기는 절대 아닐 것입니다.

우리들 상당수는 유행을 좇으면서도 자기만의 개성도 함께 가지고 있다고 생각하는 모순을 안고 있습니다. '조명 효과'는 연예인에게만 해당되는 게 아닙니다. 여기서 '조명 효과'란 연예인들이 스포트라이트를 받듯이 자신이 다른 사람들의 시선을 한 몸에 받고 있다고 여겨 필요 이상으로 신경을 쓰는 현상을 말합니다. 쉽게 말해 착각인 거지요. 효과나 현상이라고 심리학에선 부르지만 시쳇말로 착각에 불과합니다. 착각은 자기를 잊는 것이며 결국 자기를 잃게 하는 것입니다. 자기 안에 자기가 없는 것입니다.

일전에 명문대 출신 한 여성의 집을 방문한 적이 있습니다.

그녀가 몸에 치장하고 있는 명품처럼 가구들도 외제 일색이며 골동품도 집 곳곳에 눈에 띕니다. 책도 보이지만 책의 명품, 베스트셀러만 즐비해 있었습니다. 그래도 책을 읽으니 다행이다 싶긴 했지만, 언뜻 풍족해 보이는 그녀가 누리고 있는 것은 무엇인가, 생각해보게 되었습니다. 어렵지 않게 바로 '착각' 또는 '착란'이란 답을 내렸습니다. 남들보다 나은 듯 보이는 학벌과 옷, 외제 자가용, 베스트셀러 목록의 책은 죄다 사 모았으니 그녀는 나름 상층의 삶을 누리고 있다고 착각하고 있는 것입니다.

솔로인 그녀 주변엔 남자가 꽤나 많습니다. 그녀가 자랑인 듯이 말합니다.

"나를 좋아한다며 나름 프러포즈는 해오는 듯한데 보셨어요? 그 나이에 얼굴이 빨개가지곤……. 촌스러워서 싫어요. 호텔 고급 라운지에 나를 모셔보든가."

나는 그 남자를 잘 알고 있던 터라 그의 진솔함을 들려줬습니다. 그러나 그녀는 물질로 남자의 사랑을 재단할 뿐입니다.

"여행길에서 나 주려고 목걸이를 사왔다는데 동남아에서 산 것이니 그 수준, 알 만하지 않겠어요?"

물론 그녀는 받을 땐 '어마나' 하며 사람들 앞에선 호들갑을 떨었습니다. 하지만 막상 받아놓고는 팽개쳐버리지 않았을까 싶습니다. 이래서는 복이 와도 받을 수가 없습니다. 무엇보다 자신의 말이 얼마나 천박한지 스스로도 모르고 있습니다.

"책을 많이 읽으시네요?"

"저 정도는 읽어야 지성인이 아니겠어요."

그녀의 착각 속엔 지성인도 추가됩니다. 베스트셀러가 이래서 생겨나는가 봅니다만, 단지 그녀만의 경우는 아닌 듯합니다.

## 착각은 결국 거짓이다

착각은 과장이며 왜곡이며 결국 거짓이 됩니다. 착각은 자유를 누리고 있다는 우리의 믿음에서도 나타납니다. 맘껏 누리고 있는 자유가 진정한 자유인지 생각해볼 필요가 있습니다.

제주도에 살고 있다 보니 올레를 자꾸 얘기하게 됩니다. 제주도로 여행을 오려는 친지들이 꼭 물어오는 게 "몇 코스가 좋아?"입니다. 그리고 좀 더 구체적으로 "2박3일 간 두 코스 정도 걸을 올레길 좀 알려줘. 그 길에 잘하는 횟집도 좀." 하는 식입니다.

이건 인터넷을 치면 바로 나오는, 제주공항에 내리자마자 공짜로 얻을 수 있는 흔하디흔한 정보입니다. 조작 & 조각된 정보라는 거지요. 남이 만들어놓은 조각은 조작이 될 수도 있습니다. 팸플릿 만들 때 돈 내놓은 일부 음식점이나 펜션 따위의 정보가 적지 않은 게 현실이니까요. 제주도를 오랜만에 가는데 머리를 식힐 겸 편히 쉴 만한 곳 아느냐고 물어오는 사람은 안타깝게도 한 명도 없었습니다.

유명세와 유행에 그 소중한 나의 쉼, 휴식까지도 스스로 팔아넘깁니다. 저잣거리를 피해 온다면서 제주도의 저잣거리가 돼버린 그 좋던 7코스만을 기웃거리는 꼴입니다.

'나는 그가 아니다. 나는 나다.'

이렇게 말하며 사람들은 꽤나 개성을 갖고 사는 듯합니다. 그런데 나는 정말 그가 아닌지요? 남을 의식하지 않는 듯이 말하곤 하지만 정작 행동은 말을 따르지 않습니다. 세상의 유명세에 나를 내맡기는 걸 넘어 구속조차 마다하지 않습니다. 너도나도 감옥에 갇혀 살고 있기에 구속인지 감옥인지도 분간할 수 없는 상황입니다.

내가 그가 아니라면 굳이 비교를 하지 않아도 좋습니다. 하지만 현실은 어떤가요? 남을 좇아가려니 남과 비교할 수밖에 없습니다. 또 여기서 상실감이 생겨납니다. 패배감을 느낄 수도 있지만 진정한 패배감도 아니어서 낭패감으로 표현해야 할 것 같습니다. 급기야 낭패를 모면하기 위해 더욱더 남을 의식합니다. 본질적인 측면에서 동물과 크게 다를 바가 없는 듯이 보입니다.

이와 관련해 샤르트르의 말을 인용해보겠습니다.

우리는 자유로워야 할 책임이 있다. 왜냐하면 우리가 결정할 수 있는 자유를 깨닫지 못한다면 우리는 인간다운가 인간답지 못한가 하는 것을 결정하는 본질을 결여하기 때문이다. 오로지 스스로 자신에 대해 반성하는 사람만이 의식을 갖고 행동하고, 의식을 갖고 자신의 삶을 꾸려간다. 반면에 동물들(그리고 어린이들도)은 단순히 주어진 대로 살아간다.

주어진 대로 살아가면 동물이라는 말이 되지요? '주어진 대로'란 본능에 충실하기, 나아가서 유행 좇기이며 유명세 좇아가기입니다.

우리는 진짜 자유인인가?

우리는 진짜 동물과 다른가?

　문득, 작곡가로서의 브람스가 아닌 브람스의 또 다른 삶 그리고 영화 〈클라라〉가 떠오릅니다. 작곡가 슈만의 부인인 클라라를 어린 브람스는 좋아합니다. 연상의 여인을 좋아한 거지요. 브람스는 어린 나이에 자신에게 약속을 합니다. 그리고 스스로에게 약속한 대로 브람스는 클라라가 죽은 몇 달 뒤 따라 죽습니다. 그의 가슴 아픈 사랑을 보이고자 브람스의 삶을 꺼내는 게 아닙니다. 브람스의 좌우명을 종종 새겨보기 때문입니다.

　'자유롭게, 그러나 고독하게!'

　이 표현에는 철저하게 자신에 집중하는 삶이 보입니다. 하지만 '자유롭게, 그리고 떠들썩하게!'라면 어떨까요? 여기에는 타인들의 삶 속에 자신을 내던지는 너도나도 똑같은 생활이 엿보입니다.

　나는 과연 어느 쪽일까요?

# 조금 더
## 행복해지기 연습

1. 남들보다 조금이라도 나아 보이는 내 재능을 연필로 썼다가 하나씩 지워가기. 그런 다음 최종적으로 하나나 둘만 남겨놓기.

2. 남들보다 못해 보이는 나의 부족한 점을 연필로 모두 써보기. 그런 다음 덜 못한 것부터 지워가며 남들보다 가장 못한 하나나 둘만 남겨놓기.

디지털 카메라로 잔뜩 찍어둔 사진들을 정리하듯이 나의 장단점을 정리해봅니다. 필요해서 찍었지만 나중에 보면 초점이 안 맞거나 구도가 어색한 사진, 중복 촬영된 사진들은 놔둬봐야 용량만 차지하고 거듭된 클릭으로 시간 낭비만 될 뿐입니다.

정리는 '너 자신을 알라'의 실천 과정입니다. 정리는, 나를 효율적으로 관리하는 일이기에 나의 성취 가능성을 극대화시키는 방편이 되기도 합니다. 나의 잘나고 못난 점에 대해 정리가 되면 '앞으로 어떻게 할 것인가'에 대한 답은 자연히 드러날 것입니다.

# 불행은 길고 행복은 짧다

· 행복을 찾는 마음 ·

불행은 행복보다 길고 깊기에 삶은 고달픔의 연속인 것처럼 보입니다. 사람이 살아가는 동안에 행복과 불행의 가장 큰 일반 원칙은 바로 이것입니다.

같은 금액이라도 이익을 보았을 때보다 손해를 보았을 때 훨씬 더 민감하게 반응하고 대응한다는 '손실 혐오loss aversion'라는 투자 용어가 삶에도 똑같이 적용됩니다. 대다수의 삶에서 불행은 길고 행복은 짧습니다. 그리고 불행으로써 행복을 알게 됩니다. 불행하기 전까진 행복임을 느끼지 못하고 산다는 뜻으로 이해할 수 있습니다.

'지금 이 순간의 행복은 없다'라는 극단적인 표현도 가능합니다. 과거의 회상으로만 행복은 더듬어지기 때문입니다. 행복과 불행의 연속, 좋은 일과 나쁜 일의 반복을 동양에서는 새옹지마塞翁之馬라 하고, 서양에서는 시지프스의 바위 이야기를 통해 삶의 고뇌를 인정하며 살라고 가르칩니다. 죽을힘을 다해 바위를 산 정상까지 굴려 올리는 순간 바위는 또다시 밑으로 굴러 떨어지게 되지요.

그러나 요즘 주변을 둘러보면 행복은 길고 불행은 없는 것 같이 사는 이들이 적지 않습니다. 흥청망청, 희희낙락하며 밤늦은 거리에서 휘청거립니다. 애써 행복을 연기하는 지혜를 발휘하며 사는 것 같아

다행인 듯하면서도 조금만 속을 들여다보면, 빚으로 화려함을 치장하려는 거짓 부자와 다를 게 없습니다. 나중에야 어찌됐든 현실 안일주의와 개인 안락주의에 빠진 위험천만한 모험자들의 일시 천국이 아닐 수 없습니다. 88만원 세대가 어쩌고저쩌고 하지만 겉만 보고 말하는 엉터리 사회 진단입니다. 88만원의 수입이라는 경제구조의 암울함뿐 아니라 88만원을 선택하는 정신구조의 빈약함도 함께 저울 위에 올려놓고 재단해야 합니다.

어렵다 하면서도 왜들 이리 흥청댈까요?

아직은 부모들의 지갑이 자식들에게 퍼줘도 될 만큼 넉넉한가 봅니다. 대학 졸업까지 시켰는데 놀게 하느니 1억 줘서 커피숍 하나 차리게 했다는 이야기마저 듣습니다. 정작 외국에선 쓰이지 않는 웰빙이라는 단어가 우리나라의 유행어로 변신하듯이, 어느새 포장된 겉치레 삶에 너무 익숙해졌습니다. 너도나도 허상을 좇으니 그게 당연한 세상이 되어버렸습니다.

마치 위기 상황이 발생할 때 주변의 모든 사람들이 함께 노출돼 상황에 대한 위기감이나 책임감이 분산된 결과 그 위기마저 잊게 한다는 방관자 효과bystander effect의 실험장이 우리나라가 아닌가 싶습니다. 온통, 당장에 보기 좋고 내 몸 하나만 편하면 된다는 생각뿐인 것처럼 보입니다. 나중에야 어찌되든……

## 돈이 마음의 행복을 가린다

흔히들 '행복' 하면 돈부터 떠올리게 됩니다. 하지만 돈은 편리함과 욕구를 충족하는 수단이 될지언정 행복과는 전혀 다른 차원의 문제입니다. 국가별 행복지수를 보더라도 경제적 순위와는 동떨어진 결과를 보일뿐더러 돈은 삶의 소중한 가치로부터 눈을 돌리게 만드는 폐해가 있습니다. 돈이 행복을 가리는 셈이지요.

20여 년 전 경기도 일산의 논밭들이 다 파헤쳐지며 한창 아파트 단지로 개발되고 있을 즈음, 취재 중 점심을 먹으러 들어간 어느 허름한 밥집에서였습니다. 60대 중반의 할머니 앞에 소주병이 놓여 있었습니다. 신개발지에서 흔히 일어나는 일을 많이 들었지만 어떤 사연이 있는지 궁금해 그분을 주시하다가 말을 걸었습니다.

"아주머니, 혼자서 소주를 마시는 걸 보니 아들 같은 제가 말동무라도 해드리고 싶은데 괜찮을까요?"

할머니는 일산에서 가까운 서울 불광동에서 남편과 함께 채소 장사를 30년 동안 해왔답니다. 일산에 땅이 있었고 거기서 재배한 채소를 서울의 시장에 내다 팔았던 것입니다. 남편은 손수 땅을 일궈 채소를 길렀고 새벽녘부터 누구에게 뒤질세라 일찍 가게 문을 열었다고 합니다. 아주 부지런한 천상 농부이자 상인이었습니다.

그런데 일산 땅이 개발과 동시에 거액의 보상을 받게 되면서 평생을 흙만 파며 부지런히 살아온 노인의 삶도 바뀝니다. 논밭이 있던 자리에 5층짜리 모텔을 지었고 그 1층엔 커피점이 들어섰습니다. 졸지에 사장님이 된 노인은 이 커피숍을 드나들더니, 젊은 여자를 만나 그녀의 요구대로 자가용을 사줘 함께 타고 다니는 등 전연 딴판의 세상을 살고 있답니다.

여전히 시장 아주머니 차림의 할머니는 끝내 눈물을 흘립니다.

"힘들었던 그때가 좋았어."

그녀가 낮술 소주잔을 들이키며 가슴 속에 이 혼잣말도 함께 붓습니다.

10년이 지나 그곳을 지나는데 모텔 이름만 '○○장'에서 영어 이름으로 바뀌어 있을 뿐 그대로 있길래 들어가 봤습니다. 그 사이 건강했던 남편은 젊은 여자와 살다가 죽었고, 아들이 건물을 물려받았다고 합니다. 식당으로 바뀐 옛 커피점에서 할머니 대신 한 아주머니로부터 할머니 소식을 들을 수 있었습니다. 그 할머니는 아들로 인해 속을 썩이며 산다고 했습니다. 아버지에게서 부지런함은커녕 허세만을 물려받았고 할머니는 변두리 작은 양로원에 갇혀 살다시피 한다며 혀를 찹니다.

"돈 많다고 부러울 게 하나 없더라고."

부모로부터 재산을 상속받았기 때문에 더 불행해진 시골 젊은이들을 많이 봤다는 헨리 소로의 글이 떠오릅니다. 이러한 불행의 패턴도 동서고금의 진리인가 봅니다. '노력에서는 예지와 순수함이 생겨나지만, 태만에서는 무지와 육체적인 욕망이 생겨난다'라고 소로는 말합니다.

우리 세대의 부모들은 자식들에게 많든 적든 재산을 물려주면서 노력 대신 태만을 물려주는 이가 적지 않습니다. 그릇된 사랑임에도 불구하고 사랑으로만 여길 뿐, 그것이 자식의 삶을 망가뜨리게 된다는 사실 따위는 아랑곳하지 않습니다. 이러면서 또 한 가지의 세상살이 법칙을 만들었습니다.

'물려주지 말고 죽을 때까지 가지고 있어야 자식 놈들이 얕보지 않는다.'

오늘날 노인들의 삶의 지혜라고 해야 할까요? 부모자식 간 사랑도 돈이 그 연결고리가 되어가는 세상, 참으로 가슴 아픈 일이 아닐 수 없습니다.


## 온전한 내가 있은 다음에야 오는 행복

대학 강의 때 봄 학기엔 꼭 성인의 날을 맞습니다. 성인이 되는 것은, 어른스런 의식으로의 독립이 있어야 하는 한편으로 경제적으로 독립할 때 비로소 완전한 성인이 될 수 있다고 제자들에게 강조합니다. 그러면서《내 인생을 바꾼 스무 살 여행》(브라이언 트레이시 지음)의 작가를 꼭 예로 들어줍니다.

대학을 졸업한 후 월스트리트 등으로 진출하는 친구들과 달리 아프리카 종단 여행을 위해 떠나는 작가는, 장소를 옮겨갈 때마다 그때그때 벌어서 여행 경비를 마련합니다. 캐나다의 한 부두에서는 막노동을 해야 했고 영국에서는 일을 구하지 못해 큰 어려움을 겪습니다. 그가 쓴 한 글귀가 내게는 깊은 인상을 남겼다고 제자들에게 말했습니다.

'부모님께 도와달라고 할 수가 없었다.'

나라면? 내 아들이라면? 덧붙여 그는 부모님께 도와달라고 하는 게 그렇게 자존심이 상할 수가 없었다고도 말합니다. 이쯤에서 제자들에게 물어봅니다.

"너희들은 어떠냐?"

어려운 순간 누군가의 도움을 요청하게 될 터인데, 그 첫 대상은 아무 생각 없이 부모를 떠올리지 않느냐고 물었습니다.

이 강의를 듣고 한 제자가 나를 찾아왔습니다. 편의점 앞에서 맥주 한 캔씩을 마셨습니다. 그는 아버님께 어학연수 얘기를 꺼낼 수 없다며, 그러나 대학 때 꼭 한 번은 다녀오고 싶고 또 취직하려면 필요하다고 했습니다. 여느 대학생들의 고민과 다르지 않습니다.

"그 경비의 반절이라도 벌어놓은 다음 부모님께 말씀을 드려봐라. 그리고 보태주신 돈은 꼭 갚겠다고 약속드려라."

제자는 그렇게 했고 필리핀에서 2개월 어학연수 과정을 마치고 곧 바로 호주에서 워킹홀리데이 비자로 돈을 벌어가며 영어를 익혔습니다. 2년 후 한국에 돌아온 그를 다시 편의점 앞에서 만났습니다.

그는 내게 이렇게 말했습니다.

"부모님께 자존심이 상했다던 말씀이 강의 때는 상당히 부정적으로 들렸습니다. 하지만 이제는 그 자존심이라는 게 무엇인지 어렴풋하게나마 알 것 같습니다. 나이 스물여덟이 돼서야 독립적인 사고를 조금씩 하게 됐고요. 독립은 부모로부터의 분리가 아니라 부모를 더 이해하게 해주는 것 같습니다."

그는 취직하면서 대학생 여동생의 학비를 책임지겠다고 부모님께 약속드렸답니다. 이 친구의 반가운 전화를 받을 때마다 내 첫마디는 "편의점 제자, 잘 지내지?"입니다.

세상이 편리해지는 만큼 우리의 삶은 점점 더 사회의 영향을 받게 됩니다. 인간은 사회적 동물이라고 하지만 이 영향이 개인을 구속시키고 속박합니다. 급기야 사회 구성원들을 다 똑같은 비개성의 한 덩어리로 얼버무려 갑니다.

슈바이처 박사 역시 이렇게 말했습니다.

오늘날 인간은 일생 동안 자신의 사고에 대하여 신뢰를 가질 수 없을 정도로 여러 가지 영향을 받고 있다. 현대인이 몰두하도록 강요당하고 있는 정신적 비독립성은 듣고 읽는 모든 것 속에 있다. 인간들 속에 있고 강요하는

파벌이나 단체 속에 있다. 이 시대 정신은 현대인이 자기 자신으로 돌아가
지 못하도록 하고 있다.


　온전한 내가 있은 다음에야 비로소 개인의 행복도 가능해집니다.
행동은 물론 생각으로도 우리는 얼마나 독립된 삶을 살고 있나요? 행
복마저 남에 의한, 남을 위한, 남의 행복은 아닌가요?
　행복이란 단어를 떠올리며 우리는 얼마나 눈물을 흘릴 수 있을까
요? 눈물 없는 불행, 눈물 없는 행복은 내 행복과 불행이 아닙니다. 그
때문에라도 나를 주위로부터 독립시켜야 합니다. 무미건조한 행복은
참다운 행복일 수 없으며 나를 위한 행복도 될 수 없습니다.

# 조금 더
# 행복해지기 연습

등산을 많이 갑니다. 그러나 몰려다닙니다. 물론 내 자신의 건강을 위한 운동입니다. 여기서 조금만 더 생각을 해봅니다. 배낭에 노트 한 권과 4B 연필 하나쯤 더 챙기면 어떨까, 제안합니다.

산을 오르다가 마주친 꽃이나 바위, 구름, 계곡을 노트에 그려봅니다. 내가 나 자신에게 시간을 주고 있다는 것을 느끼게 될 것입니다. 그림을 잘 그리고 못 그리고는 전혀 상관이 없습니다. 사물을 바라보며 그리고 있는 동안은 자기에로의 몰입이 가능해집니다. 그로 인해 내 가슴에 채워지는 감흥은 그저 등산만 하고 내려올 때와는 전혀 다를 것입니다.

만약 남을 의식하며 그렇게 할 수 없다고 한다면, 산에서 내려오자마자 우리는 TV를 켜게 될 것입니다. 사색을 죽이고 사는 것이지요.

# 불안이 너를 놓아주지 않는 이유

**· 나를 믿는 마음 ·**

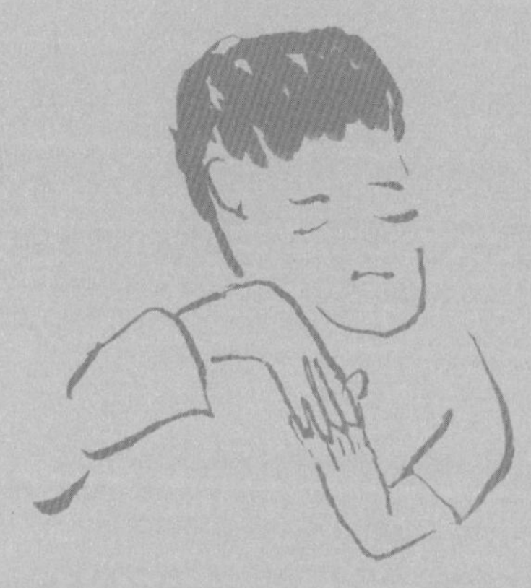

현대인은 늘 불안 속에서 산다고 해도 과언이 아닙니다. 그만큼 세상에는 걱정할 일도 우울한 일도 많습니다.

그런데 불안이란 게 없는 곳은 어떤 곳일까? 그런 곳이 있다면 그곳에서 살아보고 싶다, 이런 생각을 하니 어디선가 본 에덴동산의 그림이 떠오릅니다. 이 그림을 보면서 나라도 이브처럼 과일을 따먹었을 것이고 아담처럼 이브가 하라는 대로 했겠다, 싶었습니다. 완벽하게 만들어져 모든 게 아름답기만 한 곳, 어느 것 하나 부족하지 않은 데에서 이내 심심함을 보았기 때문입니다. 며칠 몇 달이야 이 호사를 누려볼 수 있을 것입니다. 여행을 하듯 말입니다.

## 머물러 있지 않기 때문에 불안한 것이다

아주 아주 먼 옛날 남의 나라 전설에 의하면, 신이 천사들에게 '결정하는 책임'을 지고 살아가는 게 어떻겠느냐고 하자, 천사들은 에덴동산에서 편히 사는 편이 낫다며 정중히 거절했답니다. 그 결과 천사는 평생 심부름꾼, 배달원으로 살고 있습니다.

신은 태산에게도 똑같이 물었습니다. 그러자 태산 역시 고개를 가로저어 자연 그대로 순응하고 살겠노라며, 그 자리에 머물러 복종하며 살게 되었습니다.

신은 다시, 인간에게 물었습니다.

"결정하는 책임을 지겠는가?"

비록 무지하긴 했지만 무언가를 찾아 헤매던 창조적인 인간은 이를 덥석 수락했습니다. 신이 내린 선물 '결정하는 책임'이 어떤 결과를 가져다줄지도 모르고 새로운 모험에 빠져든 것입니다. 그 뒤 인간은 싫든 좋든 결정의 책임을 맡게 되었고 그 덕택에 놀라운 재능을 발휘하며 세상을 장악하게 되었습니다. 한편 '결정하는 책임'의 선물에는 실패의 위험도 함께 따라왔습니다.

결정하기 전과 결정한 후에 우리가 불안해하는 것은 신의 특별한 선물을 받았기 때문이라고 이해해봅니다. 불안은 만족의 즐거움과 기쁨을 함께 가져다줍니다. 바꿔 말하면, 기쁨과 즐거움은 불안의 산물이라고 할 수 있습니다.

'사람들이 현대적이라고 하는 것은 어쩌면 그대로 머물러 있을 수 없는 것을 두고 하는 말이다'고 한 단테의 말도 이와 유사합니다.

신이 내린 선물을 받지 않은 태산은 그대로 그 자리에 머물러 있어야 했지만, 신이 내린 선물을 받은 인간은 그 높은 산들을 오르내리며 활개 치고 살아갑니다.

머물러만 있다면 불안해할 이유가 없을 것입니다. 어딘가 앞서 나아가고, 무언가 지금보다 나은 미래를 위해 투자하는 사람은 불안도 함께 품고 갈 수밖에 없습니다. 계획하고 예상한 대로 척척 다 된다면 모든 이의 삶은 다 같을 것이며, 심심하기 그지없는 에덴동산과 다를 바가 없습니다.

결정하되 책임을 지는 일, 그 과정에서의 불안은 오히려 촉진제요 강화제가 됩니다. 불안에 무릎을 꿇게 되면 삶 또한 안이해집니다. 단테의 말처럼 머물러 있음으로 비현대적 인간이 되는 것이지요.

저기 멋져 보이고 늠름한 태산이 나라고 생각해보세요. 마냥 좋기만 할까요?

바라보고 있으니 좋은 것입니다. 그림은 늘 그림의 떡일 뿐입니다. 내가 태산처럼 그림처럼 머물러만 있다면 상황은 전혀 달라집니다. 바라보는 것, 즉 다른 것이나 남의 것은 좋아 보여도 한순간뿐입니다. 내 것이 아니니까요. 내 것이기에 조마조마하고 내 일이기에 안달복달하며 사는 것입니다.


## 희망이 없으면 불안도 없다

우리는 공무원형이라는 말을 종종 합니다. 모든 공무원이 다 그런 것은 아니지만, 대체로 9시 출근 6시 퇴근, 잘릴 위험이 없는 안전빵 직장인의 태도에는 긴장감이 없습니다. 불안이 없으니 의욕도 적을 것입니다. 나는 방위병으로 근무했는데, 바로 그런 거지요. 시간만 지나가라, 국방부 시계는 그래도 돌아간다! 이러면서 시간 때우기에 급급합니다. 그 시절 전역하는 것 외에 꿈이 있기나 했을까요? 희망을 따로 가질 수나 있었을까요? 불안이 있었다면 '오늘 하루도 무사히!'라는 바람 정도? 이 또한 내 몸 하나만의 안전, 건사를 꾀하는 안일무사이지요.

학교를 졸업하기도 전에 남들이 부러워하는 직장에 들어갔습니다. 사진 찍는 취미를 직업으로 갖게 되었으니 더더욱 꿩 먹고 알 먹고 잘하면 국물까지 마실 수 있었지요. 그러나 그곳에서 5년, 10년 근무한 선배나 간부들을 보니 월급 많이 받고 안정된 생활, 심지어 남들의 부러움까지도 나를 불안하게 했습니다. 공무원형은 내가 가장 원치 않는 삶의 모습이었거든요. 안전빵 직장인, 나도 다를 게 없었습니다.

고민 끝에 외국 유학을 떠날 계획을 세웠습니다. 당시에 3년 동안 벌면 2천만원쯤 모을 수 있을 것 같았습니다. 2년쯤 지났을 때 돈은 천 3백만원 정도 모였으나 불안은 더 커졌습니다. 나이 서른이 넘었기 때문입니다. 그해 추석 날 아침, 어머니께 모은 돈의 반절(남은 반절의 돈만 가지고 떠나려 했습니다. 불효가 죄송했던 거지요.)을 내놓으며 외국으로 갈 계획과 퇴직하려 한다는 말씀을 드렸습니다. 어머니의 눈물로 끝내 그 계획은 계획으로만 그치고 말았지만…….

이후 신문사로 옮겨서도 불안하긴 마찬가지였습니다. 오히려 더 불안했습니다. 선배 기자들의 모습으로 나의 10년 뒤를 가늠하니 불안하기 짝이 없었습니다. 그때부터 사진 현장일기를 쓰기 시작했습니다. 3년마다 한 권씩 낼 요량으로 보도되지 않은 기사 이면의 진실과 거짓 언론에 대한 고발을 증거물이 될 사진과 함께 글로 남기자는, 《사진으로 세상 읽기》입니다.

돌이켜보면, 불안했던 시절은 스스로에게 가장 공을 들이고 있던 시간이기도 했습니다. 삶의 별 계획도 희망도 없이 많은 월급에 동료들과 술로 어울려 지내던 때는 오히려 불안이 없었습니다. 이러다가 어느 순간 찾아든 '너, 이렇게 살다 죽을래?'라는 불안은 내 앞날의 미리 보기 역할을 해주었습니다.


언젠가 '사향쥐의 용기'를 읽은 적이 있습니다.

덫에 걸리면 덫에 걸린 자신의 발을 제 스스로 물어뜯어서라도 빠져나오는 사향쥐를 보며 인간이 붙인 '용기'라는 말……. 정말 용기일까요? 절망적인 희망을 사향쥐에게서 봅니다. 절망적인 희망 안에는 동시에 불안이 깃들여 있습니다.

요컨대, 불안은 희망적인 절망입니다. 절망적 희망도 결국 희망이며, 희망적 절망은 결국 절망입니다. 이 두 가지 모두에는 힘겨운 쓸쓸함이 스며 있습니다.

사향쥐의 용기는 용기가 아니라 희망입니다. 이 희망에 기대어 불안한 현실에 맞설 수 있어야 합니다. 그리고 불안과 절망에서 벗어나고자 하는 희망의 힘은 나를 믿는 마음, 자신감 없이는 절대 불가능할 것입니다.

불안한 당신이 희망입니다. 자신감 있는 불안, 이것은 희망으로 향하는 길 위에 있습니다. 중국 작가 루쉰은 불안으로 가득했던 땅, 적국 일본에서 고향을 향한 희망의 길을 이렇게 모색합니다.

생각해보면, 희망이란 본래 존재한다고도 존재하지 않는다고도 할 수 없다. 희망은 대지 위에 난 길과 같다. 애초부터 땅 위에 길이란 없었다. 걷는 사람이 많아지면 자연히 그곳이 길이 되기 때문이다.

조금 더
⋮
행복해지기 연습

극단적인 말이나 행동을 결코 권장할 수는 없습니다. 하지만 삶에서만큼
은 자극적이고 극단적인 문구 하나쯤 품고 사는 것도 괜찮을 듯싶습니다.
삶이 온화하고 고상하기만 해도 따분해질 수 있으니까요.
삶을 따끔하게 찔러줄 물음 하나를 던져봅니다.
"너, 이렇게 살다 죽을래?"
유치하고 쌍스럽기 그지없는 나의 명구銘句입니다.
가슴에 새겨두는 명구 하나쯤은 눈이 홱 돌아가고 가슴이 벌렁할 만큼 자
극적이어도 좋을 것 같습니다.
위 물음에서 어떤 답을 찾든 그것은 각자의 몫입니다. 답이 중요한 게 아
니라 질문이 중요합니다.

# 버림으로써 얻는다

## ・부를 바라는 마음・

부자는 행복한가요? 마치 행복하지 않기를 바라면서 묻는 듯, 그 대답 역시 부자라고 꼭 행복한 건 아니며 불행한 부자가 더 많다, 라는 말들을 흔히 합니다.

부자와 행복은 같이 놓고 비교할 성질의 개념어가 아님에도 불구하고 이를 병치 혹은 대치시켜 그 어떤 대답을 얻으려고 합니다 추구하는 가치나 지향의 목적도 전혀 다릅니다. 우리는 행복한 부자이기를 바랍니다. 두 마리 토끼를 다 잡고 싶은 것입니다. 전혀 틀렸다고, 욕심이라고 할 순 없습니다. 그럴 수 있다면 그래야지요.

궁전을 구경하고 돌아온 돼지가 궁전에는 볼 것 하나 없다며 투덜댑니다. 아마 볼 것이 아니라 먹을 것이겠지요. 깨끗이 치워져 있는 궁전에서는 먹을 것을 찾지 못했을 것입니다. 쓰레기통마저 말끔했을 테니까요. 오로지 먹을 것만을 찾으려 했으니 볼거리가 되는 어느 무엇도 돼지의 눈에는 보이지 않습니다.

이솝 우화에 나오는 이 이야기는 단지 어린이용이기만 할까요? 금강산도 식후경이란 속담은 돼지의 입에서 나오는 말이 아닙니다.

## 버리는 행위에는 용기가 필요하다

탐욕은 눈을 가리고 귀를 막게 합니다. 그래서 성경이나 불경 등의 경전에서도 부자를 경계할 대상으로 여깁니다. '부는 곧 탐욕'을 진리의 하나로 보고 있기 때문입니다. 반면에 가난을 예찬하기도 하는데 이건 결코 보편적인 삶이 아닙니다. 고행은 특별한 종교적 행위로 보통 사람들의 삶과는 극히 무관합니다. '무소유'를 주장한 스님이 계셨지만, 그분 말씀의 깊은 뜻은 소유물의 없음이 아닐 것입니다. 정신이나 자세를 강조했을 것입니다. 만약 물질적 무소유 예찬이었다면 그것은 스님이기에 가능할 뿐입니다.

부의 축적은 적당한 선을 찾는 지혜가 필요합니다. 너무 적어도 생활이 고달프고 많으면 많은 대로 근심걱정이 쌓입니다. 한편으로, 부자를 도적으로 모는 듯한 일방향성 주장은 상당히 위험합니다. 잘못 운용된 공산주의가 그렇거니와 가난을 정당화하는 염세주의, 허무주의로 흐를 수 있습니다. 현실을 부정하는 풍토를 조장하거나 '로빈 후드 증후군'에 빠질 우려도 큽니다. 컴퓨터 범죄의 특징인 로빈 후드 증후군은 부자들의 돈을 훔치거나 그 조직을 해치고도 죄의식을 전혀 느끼지 못하는 이들의 공통된 반응을 일컫습니다.

우리가 살아가는 지금 이곳을 우리 스스로 부정한다면 그 같은 모순도 없을 것입니다. 어찌됐든 우리가 사는 이곳은 우리에 의해 아름다워지거나 추해집니다. 그게 사람의 삶입니다. 행복을 위해 필요한 때에 필요한 만큼의 부는 꼭 필요합니다.

물론 다소 막연합니다. 추구하는 행복이나 가치가 저마다 다를 것이기 때문입니다. 우선 어떤 행복을 소망하느냐, 하는 질문에 스스로 답을 갖고 있어야겠지요.

그리고 또 한 가지 중요한 게 노동의 절대 필요성입니다. 행복을 얻기 위해서는 노동을 해야 하며 이를 통해 얻은 돈으로 또다시 행복을 사는 것입니다. 행복은 살 수가 없는 것이라고요? 마음으로만 행복할 수 있다면 얼마나 좋을까요. 우리는 수도자가 아니라, 기쁠 때 기뻐하고 슬플 때 슬퍼하는 지극히 평범한 사람입니다.

다만, 경제적 자유를 추구하는 동시에 그 마음이 탐욕으로 흐르지 않도록 유의해야 합니다. 이것은 노동의 소중함을 인식하고 분별 있는 삶의 태도를 가질 때라야 가능합니다. 아무리 돈이 좋은 세상이라고는 하지만, 버림으로써 얻는 지혜가 필요합니다.

내 또래인 한 대학교의 학장이 제주에 살고 있는 내가 부럽다고 합니다. 대답합니다.

"그 자릴 그만두면 가능합니다."

대답을 머뭇거리는 그에게 나는 한술 더 뜹니다.

"그만두지 못하시죠? 이러니 제가 결코 부러운 게 아닙니다."

버리는 것은 용기가 필요합니다. 탐욕으로 흐르지 않는 삶의 실천은 버리는 행위이며 이것을 가능하게 해주는 부추김이 바로 용기입니다. 용기 또한 별것 없습니다. '버리니까 얻는다'를 믿으면 자연히 생겨나는 게 용기니까요. 이렇게 말하면 한참 일할 나이의 젊은이들이 자기도 그렇게, 나처럼 살고 싶다고 합니다. 버릴 게 전혀 없는 것은 아닐 테지만, 나는 그들에게 딱 하나만 묻습니다.

"네가 버릴 게 뭐 있는데?"

절대 무시해서가 아닙니다. 먼저 채워야지요.

"까불지 말고 몸 건강하고 머리 팍팍 돌아갈 때 한 푼이라도 더 벌고 능력부터 쌓아! 아직은 채워야 할 나이니까."


## 나를 이끄는 빛을 따라 사는 삶

인연은 사람과의 관계에서 쓰이는 말이지만, 사물과도 인연 맺기가 가능합니다.

10년 전쯤 서울의 대학로를 걷다가 길거리에서 2천원 주고 두 장의 레코드판을 샀습니다. 그때 몇 번 듣고는 묻어뒀는데, 10년이 지난 요즘 다시 듣곤 합니다. 느지막이 하루가 저물어 어두워지면 촛불만 켜놓고 이 판을 돌려 듣습니다. 환경 음악이라서 새소리며 풀벌레 소리, 계곡의 물소리도 들려옵니다. 이어 들려오는 〈안개꽃〉이란 노래가 마음을 참 편하게 해줍니다. 명상의 시간을 이 노래로 대신하곤 합니다. 또 하나는 김광석의 노래입니다. 그의 죽음을 떠올리고 그가 생전에

했던 말들을 다시 기억해봅니다.

'나이 마흔이 되면 폼 나는 오토바이 하나 사서 전 세계를 돌 것이다.'

그의 〈서른 즈음에〉를 듣습니다. 그는 마흔도 되기 전에 삶을 마감해야 했습니다. 그의 레코드판이 도는 동안 많은 생각을 합니다.

살아 있음을, 살아서 좋은 지금을 확인합니다. 내일로 미루지 말자며 자극합니다. 지금, 전 세계가 아니라 국내를 돌 것이며 아니면 동네라도 돌자! 폼 나는 오토바이가 아님 어때, 스쿠터나 자전거로라도…….

레코드판 대신 10년 전 2천원으로 주식을 샀더라면? 지금쯤 폼 나는 오디오 2백만원짜리를 살 수 있을까? 부질없기에 씨익 웃습니다. 이것들이 내게 주는 행복감은 돈으로는 따질 수 없는 지경에 도달하게 합니다. 맞습니다. 지경입니다. 이 지경에 빠져들게 하는 구닥다리 중고 LP판 두 개, 내 소중한 재산 중 하나입니다.

없는 자, 가지지 못한 자의 억지 행복이라고요? 물질만능주의를 탓하면서도 물질을 부정하고 싶은 마음은 없습니다. 물질은 꼭 필요합니다. 없어서는 안 됩니다. 단지, 이 또한 온전한 내 것으로 만들고자 합니다. 사람과의 인연이 그렇듯이 물질(사물)과의 인연도 있습니다. 물질의 수명을 늘려주는 게 그 인연을 소중히 여기는 마음입니다. 이른바 '물질 효율주의'입니다. 내 주위의 사물들이 온통 나와 인연을 맺고 있음을 생각하노라면 그 순간만큼은 나는 어느 누구 못지않은 부자가 됩니다.

영화 〈헤어 드레서〉에서 뚱뚱한 여주인공은 '나를 이끄는 빛을 따라 살고 싶다'는 노래를 부르며 그 엄청난 몸집을 신명나게 흔들어댑니다. 살이 너무 쪘다는 이유로 어느 직장에서도 받아주지 않아 낙담하고 좌절한 후 빚을 내 우여곡절 끝에 자기의 미용실을 차립니다. 빚을 갚기 위해서라도 수단과 방법을 가리지 않고 돈을 벌어야 하는데 (세상의 기준으로 보면) 그녀는 절대 그러질 못합니다.

"파마는 머리를 더 손상만 시킵니다."

커트를 권합니다. 돈이 안 되는 방법으로 고객을 설득합니다. 자른 머리를 보여주며 고객을 만족시키려고 애씁니다. 자신이 지향하고자 하는 삶을 항상 웃는 얼굴로 고집합니다. 삶을 결코 돈 따위와 바꾸지 않습니다. 그녀는 넉넉한 몸집만큼이나 마음도 부자입니다.

'나를 이끄는 빛을 따라 살고 싶다.'

그녀는 돈을 따라 살지 않습니다. 굴종하지 않고 굴욕감 없이 부자가 되는, '행복한 부자'의 길 위에 그녀는 서 있습니다.

조금 더

행복해지기 연습

'나는 몇 살 때까지 얼마를 모으겠다.'

'미래 계획장'에 내게 필요한 만큼의 재산을 미리 적어보세요. 이 계획에 남들을 개입시켜서는 안 됩니다. 미래 계획장에는 어떻게 실겠다는 나짐도 필요할 것입니다. 그 나이, 그 돈으로 무엇을 할 것인지 헤아려보는 것이지요.

나를 위한, 나에 의한, 내 자신의 삶이 지금부터 시작됩니다.

머릿속으로만 생각한다면 쉽게 사라져버립니다. 이참에 '평생 노트'를 한 권 장만하는 것입니다.

없어도 괜찮다고요? 고작 카메라 하나를 살 때에도 흔들림 방지 기능을 찾으면서, 정작 내 삶의 흔들림 방지 옵션을 마다할 이유는 없습니다. 노트 한 권으로 인해 인생의 후년이 즐거워집니다.

# 잔은 비울수록 여유가 있다

· 비울 줄 아는 마음 ·

태양이 떠오르면 어둠 속에서 빛을 발하던 달과 별들이 사라집니다. 또 하루치 열정을 모두 쏟아 붓듯 붉은 노을이 지고 서녘하늘 너머로 해가 사라지면 다시 달과 별들이 검은 하늘을 채웁니다. 해와 달 그리고 별에서도 자연의 시지프스 바위를 봅니다.

인간의 시지프스 바위가 영광과 추락, 그 고뇌의 연속이라 한다면 자연의 그것은 사라지면서 채워주는 교체와 교분의 미학입니다. 물려줌으로써 더 빛나고 받음으로써 더 아름답습니다. 이 같은 자연의 무한 반복에서 배려와 존중의 마음을 배웁니다.

사람들 사이에서 존중은 한 방향으로만 향하고 배려 또한 다시 돌아올 줄을 모릅니다. 존중과 배려는 상대와 나눔으로써 순환되어야 하는데 한쪽으로만 흐르다 보면 차츰 사라질 도리밖에 없습니다. 오히려 혐오와 배타가 그 자리를 채웁니다. 가도 오지 않고 보내도 돌아오지 않으니 처음부터 가려고도 보내려고도 하지 않는 마음 나누기의 체증을 우리 사회에서 봅니다. 단지 필요에 의해서만, 이익이 따를 때에만 순간 순환이 이뤄질 뿐입니다.

한국에서 어느 대기업 간부로 근무하고 있는 프랑스인의 말을 들어봅니다.

"한국 사과가 최고예요."
이런 말을 한국서 많이 듣고 산다. 이런 말을 듣고는 내가 말한다.
"다른 나라 사과는 먹어봤어요?"
이러면, 한국인들은 대부분 간단명료하게 대답한다.
"아니요. 그럴 필요가 있나요? 한국 사과가 최곤데!"

이런 대화는 한국에서 사과뿐만이 아니라고 이 프랑스인은 말합니다. 그는 한국인들에게 꼭 해주고 싶은 말이 있답니다.

"남의 나라 사과도 먹어보세요."

한 외국인의 특별하고도 개인적인 경험이 아닙니다. 그가 말했듯 사과만의 문제도 아닙니다. 우리의 보편적 의식에 대한 지적이며 또 한국에 대한 진심 어린 충언입니다. 하지만 이 글을 읽으면서도 상당수 한국인들은 이렇게 생각할 것 같습니다.

'그래도 한국 사과가 가장 맛있지 않을까……'

절대 그렇지 않습니다. 내가 먹어봐서 아는데 중국 사과나 일본 사과는 우리 사과보다 더 맛있습니다. 그리고 값도 쌉니다. 우리 것을 무조건 좋게만 봐주는 것은 국수요 배타요, 결국 남을 무시하는 일입니다. 남 역시 우리를 그렇게 보게 됩니다.

우리 사회에서 이런 일들은 비일비재합니다. 어쩌면 한글도 그 같은 경우가 아닌지 모르겠습니다. 한글, 당연히 우리에겐 대단한 문자이지만 우리가 믿고 싶어 하는 만큼 외국에선 알아주지 않습니다. 이러니 한글 과찬이 난무하고 과찬은 한글의 왜곡을 낳게 됩니다. 더군다나 한글은 처음 창제된 이후 사회 지배층으로부터 철저히 배척되고 멸시받아온 문자입니다. '너희 백성들은 언문이나 읽고 우리는 한자를 쓸 거다. 감히 우리 계급을 넘보려고 하지 말라'는 게 조선 양반들의 의식이었습니다. 한글로 과거 시험을 치렀다는 얘기를 들었습니까? 한글은 창제 후 4백년이 지난 1800년대 말에 가서야 우리 글로 당당히 인정됩니다.

우리 것에 대한 자긍심을 버리라는 말이 아닙니다. 무조건의 자랑은 배척을 초래하며 이는 우리 안의 잘못을 가리는 역효과를 가져옵니다. 이런 예는 무수히 많습니다. 외국에 나가보면 한국이 어디에 붙어 있는지, 혹은 일본이나 중국의 속국으로 알고 있는 외국인들도 적지 않습니다. 그놈들이 무식해서일까요? 아니면 우리 정부의 외교에 문제가 있어서일까요? 이렇게 남 탓으로 돌릴 일이 아닙니다. 우물 안에 비치는 하늘만 보아온 결과입니다.

'독도는 우리 땅'도 마찬가지입니다. 미국의 유력 신문에 독도 시위 사진이 실린 적이 있습니다. 그런데 한국의 '독도는 우리 땅'은 한글

로만 쓰인 현수막이 사진에 보였지만 일본의 ‘다케시마竹島는 일본
땅’은 큼지막한 영어도 모자라 그 아래 일본어와 한글로까지 쓰여 있
었습니다.

　나라와 민족은 결국 개개인의 집합입니다. 프랑스인의 조언 “남의
나라 사과도 먹어보세요.”를 흘려듣지 말아야 할 것입니다. 남의 나라
‘사과’도 열심히 먹어 그 맛과 안목을 깨쳐야 합니다.


## 무엇이 내 마음을 가릴까

　남의 것을 선입견 없이 받아들이지 못하는 것은 존중과 배려의 마
음이 없기 때문입니다. 그리고 이 문제는 나를 비움으로써 가능합니
다. 나를 비우지 못하고 내 것만을 고집하고 주장하면 남이 내 마음속
에 들어와 앉을 자리가 없습니다. 자리는 내줘야 생깁니다. 그에게 내
줌으로써 나도 앉을 자리를 얻을 수 있습니다.

　존중은 나를 낮추는 게 아닙니다. 그와 내가 같은 눈높이에서 서로
를 이해하고 마주보는 것입니다. 배려하는 마음 역시 예컨대, 생색내
기 봉사로 전락되어서는 안 됩니다. 봉사는 말 그대로 그저 봉사일 뿐
입니다. 학점 따기나 도장 찍어오기 같은 보여주기 위한 봉사는 배려
를 흉내 낸 자기만족에 다름 아닙니다.

　배려하고 존중할 마음의 준비가 되었다면 이제 ‘남의 사과’를 먹을

차례입니다. 남의 나라 사과도 먹어보고 난 뒤 우리 사과가 맛있다고 얘기할 수 있어야 합니다.

이슬람의 경전 코란에는 다음의 경구가 있습니다.

'우리가 좋아하지 않는 것들에는 더 많은 풍부함이 깃들어 있다.'

내가 좋아하지 않는 것, 관심 밖에 있었던 것들에 눈길을 주고 마음을 쏟아보기 바랍니다. 우리가 흘겨보고 외면해왔던 것 안에서 뜻밖의 풍부함을 발견할 수 있습니다. 이런 것들이 우리 마음을 더욱 풍요롭고 너그럽게 해줍니다.

그러자면 내 마음을 가리고 있는 그 무엇부터 빨리 치워야 합니다. 마음을 비울수록 더욱 많은 별이 보이는 이치와 같습니다.

등산 용어에 '링반데룽'이 있습니다. 등반 중 짙은 안개나 눈보라를 만나게 되면 이를 벗어나기 위해서 안간힘을 씁니다. 그러나 그 안간힘은 제자리에서 맴돌게 할 뿐, 위기 상황을 벗어나지 못하고 끝내는 지쳐 더 위험한 순간을 맞게 된다고 합니다. 이래서 '환상 방황'이라고도 합니다. 그럴 때는 제자리에 머물러 기후의 변화를 기다리는 게 최선의 방법이라고 합니다. 제자리에 머물러 기다리는 것은 체념이나 포기가 아닙니다.

대중이 좋아하고 매스 미디어에서 유행이라고 떠들고 있는 것들이 어쩌면 환상일 수도 있습니다. 작고 사소한 것에 더 소중한 것들이 깃들어 있을 수도 있습니다. 이것들을 구분 못 한 채 우리는 환상 방황

속에서 살고 있는지도 모릅니다.

오래전에 〈빠삐용〉이란 영화가 있었습니다. 마지막 장면은 참으로 감동적입니다. 숱한 실패에도 좌절하지 않고 바다에 몸을 던져 섬을 탈출하는 스티브 맥퀸을 우리는 기억합니다. 하지만 그보다는 섬에 남기로 한 더스틴 호프만의 무표정한 바라봄이 오래오래 내 가슴에 남아 있습니다.

용기에는 두 가지가 있다는 사실을 그 장면을 통해 배웠습니다. 스티브 맥퀸의 용기와 더스틴 호프만의 용기입니다. 섬에서 평생을 갇혀 살겠다며 탈출을 포기한 호프만 식 결정을 우리는 용기라고 하진 않습니다. 기껏 유약한 타협 정도로 인식합니다. 그러나 체념이나 포기에도 용기가 필요합니다. 어쩌면 더 큰 용기일지도 모릅니다. 호프만은 섬에 남아 채소를 기릅니다. 체념했을지언정 그는 좌절하지 않았습니다. 그 자리에 머물러 다시 앞날을 바라보기 시작했습니다.

체념은 마음을 온전히 비우는 데서 비롯되고 그 자리에는 다시 새로운 희망이 둥지를 틉니다. 빛을 다 비운 태양은 달과 별들에게 자신의 자리를 내어줍니다. 비우고도 빈 자리에 연연해하지 않습니다. 그리고 긴 어둠의 침묵 후 태양은 또다시 떠오릅니다.

조금 더

# 행복해지기 연습

하늘을 얼마나 보며 사는지요? 제주도에 살다 보니 하늘에 점점 더 빠져듭니다. 옥색 바다도 좋고 바닷가의 엉(바위)도 좋고 한라산 역시 무지무지 좋지만, 변화무쌍하다가도 이내 부변 물변의 모습으로 되돌아오는 하늘을 보는 재미는 말로 다 표현할 수가 없습니다. 제주도에서는 하늘이 마주보입니다. 우러러보지 않아도 보이는 하늘은 더욱 친근하고 살갑습니다.
'하늘 마주보기'를 해보면 어떨까요? 하늘은 가장 큰 자연이면서 사색의 공간입니다. 삶을 이끄는 지혜의 보고입니다. 여행 경비를 전혀 들이지 않고도 어디서나 만날 수 있는 가장 멋진 여행지입니다.

# 보살피는 정성이 꿈을 이루게 한다

· 꿈을 위해 노력하는 마음 ·

‘우물쭈물하다가 내 이럴 줄 알았어.’

이런 말을 이따금 하곤 합니다. 후회의 말입니다. 살아가는 동안 끊임없이 하고 또 하는 말입니다. 그런데 살아서는 오지 않을 것 같던 생의 마지막, 죽기 전에 이 말을 한다면 사뭇 기분이 다를 것입니다. 버나드 쇼도 그랬나 봅니다.

당시 최고의 미녀 배우가 ‘우리 둘이 결합하면 당신의 머리와 나의 미모를 그대로 빼닮은 2세가 태어날 것’이라고 하자, ‘당신의 머리와 나의 외모를 닮은 형편없는 아이가 생겨날 것’이라며 미녀의 프러포즈를 거절했다던 사람, 영국의 극작가이자 비평가였던 조지 버나드 쇼는 유머와 위트가 담긴 이 유언을 마지막으로 남겼다고 합니다. 그의 묘비 문구를 다시 들어봅니다.

‘우물쭈물하다가 내 이럴 줄 알았어.’

쇼는 현실감각이 뛰어난 희극으로 예리한 풍자와 기지가 넘치는 문체를 구사하면서 19세기 영국 사회를 신랄하게 비판했습니다. 초등학교를 졸업하고 바로 사환으로 일찌감치 사회에 발을 들여놓은 그는 노벨문학상과 아카데미 각본상을 모두 수상한 유일한 작가가 됩니다. 이런 그도 평소 주저하고 망설이는 일이 무척 잦았다고 합니다. 그러니까 숨을 거두기 전 자기의 삶을 돌아보며 그런 말을 남겼겠지요.

그런데 쇼의 마지막 말을 아이들에게 들려주면 이런 말이 되돌아올 것 같습니다.

"그래서 어쨌다고요?"

요즘 아이들은 현실을 비교적 일찍 받아들이는 듯합니다. 농담이라지만 말뿐 아니라 행동을 보더라도 농담으로 흘려듣기에는 께름칙한 측면이 없지 않습니다. 지나치리만큼 어른스럽습니다. 현실을 이해하고 경험하기 이전에 포기와 체념부터 배운 탓입니다. 부모들조차 무심코 따라하는 걸 이따금 봅니다.

"그래서? 그냥 어떻게든 되겠지……."

남의 일은 물론이고 자신의 일에서조차 책임을 놓아버립니다. 웃어넘기자고 하는 말인 줄 모르진 않지만, 내 몸뚱이 하나만의 안락을 바라는 개인주의와 이기주의가 삶의 지혜로 여겨지는 것 같아 씁쓸한 생각마저 들곤 합니다.


## 이룰 수 없는 꿈은 많지만 헛된 꿈은 없다

어느 글에선가 재미있는 광고 카피를 본 적이 있습니다.

'망설임은 시간의 도적! 오늘 즉시 주문!'

단지 물건을 팔아먹기 위한 상술로만 들리지 않습니다. '망설이지 말고 지금 즉시 실천하라'로 와 닿습니다. 나이가 들면서 그 같은 생각은 더욱 절박합니다. 미룰 날들이 차츰 줄어드니까요.

10대 때 가졌던 꿈과 40대 이후의 꿈을 비교해봅니다. 어렸을 적의 꿈은 지금 생각하면 참으로 어처구니없고 황당합니다. 고3 무렵이니 10대 후반입니다. 평생 잊지 말자는 마음가짐으로 늘 곁에 두는 국어사전(35년이 더 지난 지금도 가지고 있습니다.)의 앞면에 적어놓은 글들이 있습니다.

1. 반려자는 진眞을
2. 자연은 선善을
3. 예술은 미美를
4. 재산은 위 세 가지를 성취하기 위한 일시적 수단으로,
   꼭 성실한 돈이어야 한다!

그 아래에는 이런 글도 적혀 있습니다.

나는 태어날 때 울며 태어났다.
고통의 시작이었다.
지금의 고통 또한 새삼스러운 게 아니다.
현재의 시간은 미래의 나를 완성시키기 위한 행로의 기록일 뿐,
이러니 이 순간을 비하卑下하지 마라.

오래전에 써놓은 글을 다시 읽어보니 부끄럽기 그지없습니다. 유치한데다가 전혀 구체적이지도 못하고 또 거의 40년이 지난 지금, 이룬 게 하나도 없어 보이기 때문입니다.

'지나간 삶을 추억하는 것은 그 삶을 다시 한 번 사는 것과 다르지 않다'고 한 고대 로마의 시인, 마티에르가 한 말을 떠올리며 또 다른 낙서를 들춰봅니다. 이번에는 영어사전입니다. 국어사전과는 달리 직접 써놓은 글은 없고 신문에서 오려 스크랩해둔 누렇게 바랜 신문기사가 눈에 띕니다.

〈공부벌레와 야구〉란 제목의 자그만 박스 기사입니다. 공부벌레였던 아마추어 야구 선수들이 일본 갑자원 대회에 참가한 이야기를 다룬 기사입니다. 아마 공부도 잘하고 놀기도 잘하는 게 어렸을 적 바람이었나 봅니다. 이 역시 공부에서도 놀이에서도 이뤄낸 게 없습니다. 그땐 나름대로 꿈과 희망을 가졌을 터인데, 행동으로 옮기지 못하고 '우물쭈물하다가' 나이가 들고 말았습니다.

이런 것도 붙어 있습니다. '세계의 언론을 주름잡던 신문왕 로이 H. 톰슨 경이 런던에서 숨졌다'로 시작하는 기사입니다. 기사 중간중간에 줄이 쳐져 있네요. 그중 한 대목을 옮겨보겠습니다.

> 나는 두 가지 제시만을 한다. 하나는 진리를 알리라는 것이고, 또 하나는 지역사회의 사람들을 대변하라는 것이다. 나는 재정의 뒷받침만을 하겠다.

아이러니하게도 이 기사는 톰슨 경의 신념과는 전혀 동떨어진 행태를 보이는 한국 신문에 실려 있었습니다. 〈더 타임즈〉의 사주였던 그는 누구에게나 다정스레 인사를 건넸다는 대목에도 줄이 그어져 있습니다. 그게 배울 점이라고 여겼나 봅니다.

초등학교 시절 학교 신문의 편집국장과 사장을 맡은 적이 있습니다. 그 영향에서인지 한때 신문사 경영을 장래 희망으로 삼기도 했습니다. 그 꿈을 이루지는 못했지만 기자 생활을 적지 않게 했으니 변죽에 다가가긴 한 셈입니다. 아니, 신문사를 퇴사한 다음 1인 신문사를 1년 반 가까이 꾸리기도 했습니다.

신문사 이름은 〈동네 한바퀴〉였습니다. 취재·촬영·편집·배달까지 모두 혼자서, 일주일에 한 번 나오는 주간지였습니다. 총 8페이지에 A4 크기였는데, 1년 구독료로 무려 12만원이나 받아먹었습니다. 하지만 이 큰 돈을 주고 사본 사람들이 무려 13명이나 되었답니다. 한 분 외에는 전혀 알지 못하는 독자들로 대학원에서 언론을 전공하는 분, 논술 선생님, 국어 선생님 등이었습니다.

이로써 나는 신문사 경영의 꿈을 비슷하게나마 이루었습니다. 꿈을 꼭 그 크기만으로 재단할 수는 없는 법입니다. 중요한 것은 스스로가 느끼는 가치이고 그 판단은 나의 몫입니다. 나 역시 어려서 밑줄 친 그대로 '진리를 알려라. 지역사회를 대변하라'던 톰슨 경의 가르침을 실천할 수 있었던 것에 만족합니다.

세상이 알아주는 큰 것에 목표를 두고 꿈을 거기에 맞추려는 노력도 의미는 있습니다. 하지만 보여주기 위한 꿈이 어렸을 적 혹은 가슴 속 깊은 곳에서 품었던 꿈은 아닐 것입니다. 이제는 '호머의 시로도 존다'는 서양 속담에 머리를 끄덕입니다. 대시인의 작품에도 평범한 시구가 있다는 뜻을 이해한 게 꼭 나이가 들어서만은 아닐 것입니다. 소박하고 평범한 꿈의 소중함을 모르는 사람들에게 '호머의 시로도 존다'는 말을 한번쯤 들려주고 싶습니다.

세상에 이룰 수 없는 꿈은 많지만 그 무엇도 헛된 꿈은 없습니다. 꿈을 이루고자 노력하는 한 크게 이루지는 못할지언정 작은 성취에도 충분한 보람과 행복이 깃들어 있으니까요.


## 피와 땀을 쏟는 노력의 중요성

옛날 아프리카에 '푸푸'와 '무무'라는 꽤 비슷하게 생긴 원숭이가 살았습니다. 몸집 크기, 체력, 지능이 거의 비슷했습니다. 그러나 종족 번식 방법은 많이 달랐습니다. 푸푸 원숭이는 일년에 5마리 정도의 많은 새끼를 낳는 반면, 무무 원숭이는 고작 이년에 1마리밖에 낳지 않았습니다. 그런데 현재까지 남아 있는 원숭이는 무무 원숭이며 푸푸 원숭이는 이미 멸종된 지 오래되었습니다. 적게 낳은 원숭이 쪽이 살아남은 것입니다. 그 이유는 간단합니다. 푸푸 원숭이는 많은 새끼가 태어나도 그대로 방치했지만, 무무 원숭이는 그렇지 않았습니다. 새끼 하나라도 정성을 다해 키웠습니다.

이 두 원숭이의 사례는, 양이나 크기보다는 정성을 다하느냐가 얼마나 중요한지를 일깨워줍니다. 꿈도 마찬가지입니다. 큰 목표를 세우는 게 중요한 게 아니라 실천해 가는 과정 속의 보살핌과 정성이 내 꿈의 가치를 결정합니다.

목표가 미래의 일이라면 보살핌이나 정성은 현실입니다. 나는 지금 꿈의 크기에 연연하지 마라, 혹은 주어진 환경을 고려해 적절하게 타협하라는 이야기를 하는 게 아닙니다. 어떠한 꿈을 꾸든 그 꿈을 보살피는 정성이 필요하다는 말입니다. 이것은 현실 직시이면서도 꿈을 위해 한 발 한 발 내딛으려는 마음의 중요성에 대한 이야기입니다.

현실의 땅 없이는 어떤 미래도 소망할 수 없습니다. 위화의 소설 《허삼관 매혈기》의 우스갯소리가 떠오릅니다.

"어때, 피를 팔고 나니 어지럽지 않은가?"
"머리는 어지럽지 않은데 힘이 없네요. 손발이 나른하고, 걸을 때 떠다니는 것 같은 것이……."
"힘을 팔아버렸으니 그럴 수밖에. 우리가 판 것은 힘이라구. 자네 이제 알 겠나? 자네 성 안 사람들이 말하는 피가 우리 촌사람들이 말하는 힘일세. 힘에는 두 가지 종류가 있지. 하나는 피에서 나오는 힘이고, 나머지 하나는 살에서 나오는 힘이지. 피에서 나오는 힘은 살에서 나오는 것보다 훨씬 더

쳐주는 법이네."

"어떤 힘이 피에서 나오는 것이고, 어떤 힘이 살에서 나오는 건가요?"

"우리가 잠자고, 밥 먹고, 우리 집에서 근룡이네 집까지 가는 것은 별로 힘 쓸 필요도 없는 일이지. 이런 게 살에서 나오는 힘이란 말야. 자네가 논밭에 나가서 일을 하거나 백 여 근쯤 되는 짐을 메고 성 안으로 들어갈 땐 힘을 써야 한단 말씀이야. 이런 힘들은 다 핏속에서 나오는 거라구."

피땀이란 말을 합니다. 그저 쓰는 힘이 아니라 애써 들이는 힘을 피땀이라고 이해하면 될 듯합니다. 진정 소중한 꿈을 이루기 위해서는 피땀을 쏟는 노력이 필요할 것입니다. 때가 되면 밥을 먹고 졸리면 잠을 자고 심심하면 소일거리를 찾고……. 혹시 우리의 꿈조차 그처럼 소일거리 취급을 당하고 있지는 않은가요?

이렇게 말하는 나 역시 이루지 못한 꿈투성이입니다. 하지만 여전히 현재진행형이고 날마다 새로운 꿈들을 꿉니다. 지금이 어릴 때와 다르다면 실현 가능한 꿈을 꾸고 그 꿈들을 정성껏 보살피고자 노력한다는 점 정도입니다. 꿈을 꾸는 데 나이는 별반 상관이 없습니다.

'지금 이 순간이 내게는 가장 젊은 나이다.'

나이가 들수록 이 경구가 마음에 와 닿습니다. 우물쭈물할 생각은 없지만, 나는 여전히 젊다는 사실을 깨닫게 해주기 때문입니다.

# 행복해지기 연습

평생 동안 곁에 두고 쓰는 노트가 있나요? 만약 없다면 평생 간직할 노트 한 권을 마련해보면 어떨까요?

일기장이어두 좋고 진지함이 가득한 실천 계획장이어도 괜찮습니다. 이 노트가 우리 삶을 더욱 풍요롭고 가치 있게 만들어줄 것입니다. 삶의 기록은 지난날을 돌이켜보게 해주고 앞날을 생각하게 해줍니다. 나를 소중하게 여기는 자기 사랑의 작은 실천이라는 의미도 있습니다.

이루지 못한 사랑의 추억이 지금의 내게는 여전히 사랑이듯이 이루지 못한 꿈 또한 나의 꿈, 나의 사랑입니다. 먼 훗날 꺼내보며 과거를 추억하는 일은 또 한 번의 삶을 살게 해줍니다.

# 마음을 다스린다는 것의 의미

· 화내지 않는 마음 ·

　마음을 다스릴 줄 알아야 한다는 것은 부처가 되라는 말처럼 들립니다. 마음을 다스리려면 깨달음을 얻어야 된다는 건데, 이러니 100퍼센트 불가능합니다. 매일같이 세상일에 치여 살면서 어떻게 부처를 꿈꾸겠습니까.

　하지만, 가끔 대단한 사람을 만나는 경우가 있습니다. 그 사람도 언제나, 모든 일에 대해 다 그러한 게 아니라 극히 일부분, 어느 한순간에 ‘부처가 따로 없네’라는 생각을 들게 하는 정도이기는 합니다.

　신문사의 후배가 거의 20년 가까이 다니던 신문사를 그만두기로 마음먹었지만 차마 아내에게 말을 꺼내지 못했답니다. 그렇게 몇 달 동안 가슴앓이를 하다가 어느 날 대화할 분위기를 잡았습니다.

　“나, 이 신문사에서 기자 계속하다간 제 명에 못 살 거야. 당신도 알지? 그리고 지금 나이니까 다른 일이라도 할 수 있지 더 미뤘다가는 나이 오십에 백수가 되고 말걸?”

　“그래서…… 신문사를 그만두겠다는 거 아냐?”

　아내는 맥주 한 컵을 단숨에 털어 넣더니 손을 뻗어 남편 어깨를 톡톡 치면서 말했답니다.

　“그동안 수고했다.”

내게 이 이야기를 들려주는 후배의 눈시울이 붉어집니다. 아내에게서 그 말을 들었을 때는 또 얼마나 뭉클했을까요. 그날 나는 너무 부러워서 문득 부처님을 떠올렸는지 모릅니다. 가슴속에서 우러러보는 마음마저 들었을 듯합니다.

"오늘 오 선배 만나고 나면 이번 주에 더는 못 마셔."

일주일에 2번으로 술자리를 줄이겠다고 스스로 다짐했답니다. 새로운 일을 시작하려는 터라 술자리는 더 많아졌지만 그래서 주로 낮에 사람들을 만난다고 합니다.

"마누라, 엄청 다혈질이거든. 성질도 더럽고. 회사 그만둔다고 난리 날 줄 알았는데……."

캠퍼스 커플이며 동갑내기인 그의 아내는 화를 내는 대신 단 일곱 글자 '그동안 수고했다'에 모든 마음을 담았던 것입니다. 나는 너무나 부러워서 눈물이 날 뻔했습니다. 아직 얼굴 한 번 못 본 그의 아내가 고맙기까지 했습니다.


## 도장 파기가 취미가 된 사연

나는 오히려 화를 냄으로써 몸 안의 울분이나 분노를 밖으로 토해내는 편입니다. 직장 다닐 때 동료들은 그런 나를 두고 스스로 스트레스를 더 키우며 산다고들 했습니다. 신문사 일이란 게 세상의 어두운

면을 많이 접하는지라 스트레스가 많은 편이지만, 그렇다고 술로 풀거나 할 생각은 하지 않았습니다. 남들은 나를 융통성 없이 꽉 막혔다고 했지만, 반대로 스트레스를 술로 푸는 그들이 안쓰럽고 한심스럽게 보였습니다.

물론 나 역시 한심스러운 짓을 하기도 했습니다. 드럼을 사서 그 위에 부장이며 편집국장, 신문사 오너의 사진을 올려놓고 두드려 팼습니다. 마구잡이 드럼 치기는 박자나 가락이 있을 리 없으니 굉음을 질러대는 드럼통에 불과했습니다. 화내며 길거리의 빈 깡통에 발길질하는 것과 다름없었습니다.

그러기를 잠시, 참 못났다 싶어 동네 교회에 드럼을 보낸 다음에는 도장을 팠습니다.

오래전 울릉도 출장길에 사둔 도장용 향나무에 어린이용 조각도로 파봤습니다. 가족들 이름을 새기는 동안 다른 생각을 전혀 할 수가 없었습니다. 우선 서툴렀기 때문이고, 서툴렀던 만큼 한순간의 방심에도 손을 다칠까 겁나서였고, 또 가족의 얼굴을 떠올리며 이름을 새길 때의 푸근한 마음 때문이었습니다. 그 작은 도장에 이름을 파는 데 집중하는 시간은 2시간이 넘었습니다. 서툴기는 해도 완성된 도장을 보고 있노라면 또 1시간은 그냥 흘러갑니다.

이 3시간짜리 스트레스 해소법은 화를 다스리는 데 적지 않은 도움이 되었습니다. 화 대신 흐뭇함을 가슴에 채울 수 있었습니다. 시도

때도 없이 대들던 부장에게도 그 이름을 새겨 선물했습니다.

"마음이 비뚤어서 그런지 이름도 삐뚤어지게 새겨졌습니다."

"짜식~ 고맙다. 도장 값 대신 술 사마!"

이렇게 해서 마신 술은 참 맛이 좋았던 기억이 납니다.

이제는 도장 파는 기술이 늘어서 나무가 아니라 돌에 파기도 합니다. 스트레스와 관계없이 선물용으로 새길 때도 있습니다. 취미가 된 것이지요. 난 화가 나면 도장을 팝니다. 신이 나도 도장을 팝니다. 요즘은 신이 나서 파는 도장이 훨씬 많아졌습니다.


## 눈물은 잠깐이면 충분하다

그래도 살다 보면 여전히 화를 억누르지 못하는 경우가 있습니다. 물론 부처가 되기로 작정하지 않은 이상은 어쩔 수 없기는 합니다. 그러면 화를 내는 건 항상 부정적일까요?

신문사를 박차고 나올 때의 내 행위도 화와 다를 바 없었습니다.

아내와 헤어진 일 역시 결국은 화가 화근이 됐습니다.

"내가 널 얼마나 사랑하는 줄 아니?"

이러면서 화를 내고 있었습니다. 편지를 보내기도 했지만 편지의 글씨부터가 평소에 쓰던 고운 글씨체가 아니었습니다. 사랑 운운하는 그 글씨 안엔 화가 잔뜩 묻어 있었습니다.

그 시절을 돌이켜보면서 화를 내지 않았더라면? 가정해봅니다. 역사에 가정이 없듯이 개인의 과거에도 가정은 그야말로 가정에 그치고 말 것입니다. 내 삶을 크게 바꾼 개인사의 두 사건, 신문사를 그만둔 일과 아내와 헤어진 일은 화를 참지 못한 데에서 비롯되었지만, 신문사에 눌러 앉았다면 나 또한 후배가 아내에게 했던 말처럼 내 명을 한참이나 단축시켰을 게 틀림없습니다.

생각만으로도 고개를 가로젓게 됩니다. 도장 파기 정도로는 도저히 참아내지 못했을 테니까요. 더욱이 후배의 아내가 부럽기도 하고 고맙기도 한 것은, 내 아내에게선 '그동안 수고했어'라는 말을 결코 들을 수 없다는 걸 잘 알고 있기 때문입니다.

신뢰할 수 없는 사랑을 책임감으로만 끙끙 붙들고 있었고, 그 책임이 사랑인 줄 알고는 '내가 널 얼마나 사랑하는 줄 아니?' 하며 화를 내고 또 그 화를 삭이는 와중에 내 가슴은 더욱 문드러져만 갔습니다.

이 두 사건에서 화를 낸 끝에 결정한 일을 후회하지 않습니다. 몇 번을 되새겨 봐도 참으로 다행이라고 생각합니다. 물론 그 같은 화를 낼 필요가 없는 신문사나 가정을 가졌더라면 더 좋았겠지요.

그런데 이 글을 읽는 분들은 다소 헷갈릴지도 모르겠습니다. 화를 내지 않는 마음을 이야기하면서 화의 정당성을 주장하고 있으니까요. 그런데 어쩌겠습니까? 이게 인생이고 우리 평범한 사람들의 마음인걸요. 화를 표출하는 방식이 즉흥적이고 다혈질적이라면 문제가 되겠지만, 스스로에게든 주위의 부정에 대해서든 화를 내야만 하는 경우는 반드시 있습니다.

화의 긍정적 측면은 바로 이 지점에 있다고 하겠습니다. 화를 내고, 반성하고, 다시 앞날을 바라보며 사는 것이지요.

용서하는 마음이 지고하다 하여 어떤 부조리에도 눈을 감고 덮어주는 게 바른 삶은 아닐 것입니다. 용서해야 할 때가 있고 결코 용서하지 말아야 하는 상황도 보통 사람들의 삶에는 분명히 있습니다. 화도 마찬가지일진대, 분명한 건 화를 낼 때와 화를 내지 말아야 할 때를 가늠하는 지혜만이 내 삶을 올바른 방향으로 이끌어준다는 사실입니다.

아내와 헤어지면서 화를 냈던 만큼이나 어쩌면 그 이상으로 많은 눈물을 흘려야 했습니다. 내 몸 안의 화가 모조리 눈물로 변한 건지도 모르겠습니다. 서울을 처음 떠나 춘천으로 집을 옮겼을 때입니다. 10년 가까이 돌아올 것을 기다리다가 끝내 아내를 떠나보내야겠다고 마음을 굳게 다질 때이기도 합니다.

화를 피할 수 없다면, 화에 눈물을 꼭 보태라고 말하고 싶습니다. 눈물은 즉흥적인 화를 누를 수 있게 해줍니다. 눈물은 사소한 일로 화를 내게 하지 않습니다. 눈물이 듬뿍 담긴 화는 '생각하는 화'이기도 합니다. 생각하는 화는 홧김에 일을 저지르게도 하지 않습니다. 삶에서 자주 있는 일은 아니지만, 생각하는 화는 살아가는 동안에 꼭 필요하다고 봅니다.

나는 '눈물의 힘'을 믿습니다. 그런 한편으로 이제 더는 울지 않으려 합니다. 이것도 내 인생이니까요…….

주어진 현실을 부정해 내내 울고만 있거나 화로 맞서려 한다면 삶은 그 상태의 지속이 될 수밖에 없습니다. 새로운 날들은 지금을 받아들이는 데에서 시작합니다. 만남과 헤어짐의 문제뿐 아니라 내 삶의 또 다른 위기 역시 그러했습니다. 눈물은 잠깐이면 충분합니다.

한편으로, 눈물이 없다면 기쁨도 없을 것입니다. 눈물에는 정화의 힘이 있고 긍정의 힘이 있습니다. 소설가 공선옥이 〈눈물로 만든 집〉이라는 글에서 썼듯이 사랑의 마음이 없다면 누군가 때문에 우는 일도 없을 테니까요.

> 우리 인생에서 사랑이 없다면, 누군가를 생각하면서 눈물 흘리며 고통스러워 할 일도, 오늘 내가 이렇게 땀 흘리며 살아가야 할 이유도 없을 것이다.

이혼 서류를 챙겨 춘천역에서 서울행 기차에 올랐을 때는 마음이 가벼웠고 차창 밖 북한강을 바라보는 내 얼굴은 내내 웃고 있었습니다. 아내의 주소지 불명으로 서류 챙기기가 짜증났지만 결국 만나보지도 못했습니다. 애틋한 사랑으로 시작한 가족이란 오랜 인연을 달랑 서류로만 끝내면서도 나는 화를 내지 않을 수 있었습니다. 지루했던 아픔, 모진 사랑도 이겨낼 수 있었습니다.

우리 집에는 사소한 일로는 화내지 말자며 놓아둔 책들이 한데 섞여 있습니다. 성경이나 불경 외에도 힌두교 경전, 몰몬경에 여호와의 증인의 〈파수대〉까지 있습니다. 예수 고상苦像에 부처상도 잘 보이는 곳에 모셔두고 있습니다. 여러 종교의 경전이 섞여 있는 걸 보고 사람들은 한마디씩 합니다.

"하나만 믿어야지! 불경죄로 모든 신들에게 벌 받기 싫으면……."

농담 반 걱정 반으로 해주는 말이지요. 물론 아침저녁으로 기도도 합니다.

"저를 그리고 제 아들을 오늘도 제대로 이끌어주세요."

기도는 이게 전부입니다. 나는 '제대로'라는 말을 무척이나 좋아하거든요. '제대로'는 있어야 할 곳에 있어야 하는 것이며, 해야 할 일을 마땅히 해야 하는 것이라고 믿기 때문입니다.

그렇기에 제대로 산다는 건 참 힘듭니다.

조금 더

## 행복해지기 연습

우리 눈에는 형식적인 인사로 보일지 몰라도 미국이나 일본 같은 외국 땅에서는 처음 보는 이에게 먼저 인사를 해오는 사람들이 많습니다.

고맙습니다, 미안합니다, 감사합니다…….

오래 겪어보면 다르다고 말들을 하지만, 이 같은 인사는 삶의 지혜에서 나온 게 아닐까 생각해봤습니다.

서양에서 악수의 유래는 상대방을 경계한 데서 비롯되었다고 하지요? 손에 칼을 들었나 안 들었나, 나를 해칠 사람인가 아닌가 확인하던 게 악수의 시작이었습니다. 그리고 일본인들은 문 밖의 신발을 꼭 돌려놓습니다. 배려의 마음으로 처음에는 이해했는데, 옛날 일본의 성주들끼리 워낙에 전쟁을 많이 치르다 보니 재빨리 도망치기 위해 신발을 돌려놓은 게 관습이 되었다고 합니다.

하루에도 몇 번씩 입에 올리는 인사말도 그렇습니다. 일상생활의 다툼을 사전에 막을 방편에서 나온 지혜일지 모릅니다.

고맙습니다, 미안합니다, 감사합니다…….

이렇게 말하는 상대에게 화를 내기는 아마 어렵지 않을까요? 형식은 때로 내용을 지배한다고 하는데, 인사말도 그중 하나일 것입니다.

# 온 힘을 다해 사랑하라

**· 사랑하는 마음 ·**

　엄마가 아이를 낳고 젖을 먹이는 동안 분비되는 호르몬이 옥시토신이라고 합니다. 이 호르몬은 출산 과정에서 진통을 자극하기 때문에 여기서 유래하여 그리스어로 '빠른 출산'이란 뜻의 옥시토신이라는 이름이 붙여졌다고 합니다. 이처럼 옥시토신은 분만 시 출산을 유도하기도 하지만 젖을 물릴 때도 마찬가지로 분비됩니다. 이로써 아이를 위해 평생 희생하고자 하는 엄마의 마음이 더욱 커집니다. 낳은 정 못지않게 기른 정이 깊어집니다.

　그런데, 마사지 같은 스킨십으로도 이 호르몬이 분비된다고 합니다. 옥시토신은 바로 사랑의 호르몬인 것이지요. 강아지나 고양이들을 쓰다듬어주면 무척 좋아합니다. 그냥 무심하게 있으면 다가와 제 몸을 기대고 문지르기도 하는데, 동물들도 옥시토신을 분비하기 때문입니다.

　이렇듯 몸은 사랑을 하면 반응하게 됩니다. 더 신기한 것은 이 호르몬이 신뢰감도 높여준다는 사실입니다. 믿음을 주지 못하는 사랑은 아직 사랑이라고 할 수 없는 이유이기도 합니다.

## 가장 뜨거운 열정은 순수에서 비롯된다

사랑하지도 못한 채 끝나거나 사랑하다가 잃어버리는 것은 서로가 신뢰감을 나누지 못했거나 그 신뢰감이 일방적이었음을 의미합니다.

탈 대로 다 타시오 타다 말진 부디 마소
타고 다시 타서 재 될 법은 하거니와
타다가 남은 동강은 쓰을 곳이 없느니다

가곡 〈사랑〉의 앞 구절입니다. 이 노래는 타다가 남은 동강 같은 사랑을 만들지 말라고 합니다. 온 힘을 다해 쏟는 사랑은 순수하기에 가능합니다. 가장 뜨거운 열정은 순수에서 비롯되는 법입니다. 한편으로 순수하기에 마음의 상처 또한 더 크고 더 깊습니다.

나의 모든 것을 내어줘도 아깝지 않을 대상이 있다면 인생의 큰 축복입니다. 꼭 남녀간의 사랑이 아니어도 좋습니다. 부모자식 간의 사랑, 일에 대한 사랑, 자연에 대한 사랑 등등이 가능할 것입니다. 그만큼 삶에는 온 힘을 다해 사랑할 대상이 적지 않습니다.

강의실에서 선생인 나는 제자들에게 사랑의 모델을 들려주곤 합니다. 《섬》의 작가인 장 그르니에와 그의 제자 알베르 카뮈가 나눈 편지 이야기입니다. 가정은 불우하지만 재능과 열정을 갖춘 제자에게 선생이 먼저 편지를 씁니다. 이 편지 왕래는 제2차세계대전을 거치는 동안에도 끊이지 않았습니다. 카뮈가 불의의 교통사고로 죽기 사흘

전에도 변함없이 그르니에는 카뮈에게 편지를 띄웁니다.

카뮈 군에게,
자네에게 이 편지를 보내며 새해를 시작하네.
자네의 편지는 대단히 감동적이었네. (중략) 자네가 내게 신세진 적이 있다면 그것은 단지 자네가 날 알게 되었던 그 시기가 자네에게는 대단히 어렸을 때였기 때문, 바로 그것밖에 없다네. 나와의 견해 차이조차 자네에 대한 깊은 우정을 막지는 못했네. 자네가 고독과 침묵 속에서 일할 수 있게 되었다니 기쁘네. 그게 가장 확실한 행복 아니겠나.
……

1960년 1월 1일에 쓴 이 편지를 카뮈는 받지 못했습니다. 사흘 후인 1월 4일, 교통사고로 카뮈가 사망했기 때문입니다. 편지 내용, 어떠세요? 아주 평범하지요? 우리도 충분히 쓸 수 있는 편지지요? 이러한 편지를 30여 년간 선생과 제자가 주고받았답니다. 작가 카뮈를 더욱 생생하게 기억하게 해주는 이 편지에서 선생이 제자에게 내민 손은 우정, 달리 말하면 순수한 사랑이었습니다.

대학 강사인 나도 이러하길 바랐습니다. 하지만, 선생의 자질이 너무 부족한 탓에 편지는커녕 문자 메시지조차 꾸준히 주고받는 제자가 없습니다. 드물게 연락을 해오는 제자 몇 명이 있는 것만으로도 퍽 행복하긴 합니다. 평생 열어놓고 나누자며 수업 때 개설한 인터넷 카페에 이따금 들릅니다. 과거의 선생인 나는 내 안부를 보내고 제자 안부도 묻곤 합니다. 졸업 후에도 취직 준비하고 있다는 얘기를 듣고는 글자를 웃는 모양으로 그린 그림이나 물감 대신 커피로도 그림을 그려 올립니다. 아무리 각박해도 너희들은 웃고 살아야 한다, 뭐 이런 바람에서입니다.

하지만 안타깝게도 댓글을 달아주는 제자가 이젠 없습니다. 내가 카페지기라 누가 들어오는지 알 수 있습니다. 들어온 김에 "잘 살고 있어요." 하고 한마디 달아주면 참 행복할 텐데 말입니다…….

내 학창 시절의 경험으로 봐도 그럴 수 있겠다 싶어 종강 때는 꼭 이오덕 선생님의 《내가 무슨 선생 노릇을 했다고》를 들려줍니다.

가끔 가다가 누구는 어디서 장사를 하고, 누구는 어디서 택시기사를 한다는 소식을 소문으로 듣는다. 모두 살기 바빠서 그렇겠지만, 한 해에 한 번쯤 소식이라도 있으면 좋겠다. 그리고 가까이 있으면 직장에서 일하는 일옷차림이라도 좋으니 한 번쯤 찾아와 준다면 얼마나 반갑겠나. 내가 있는 곳을 모른다면 할 수 없지만, '이렇게 보잘것없이 살고 있는 내가 옛날 선생님을 어떻게 찾아갈 수 있겠나' 하고 주저한다면 섭섭한 일이다. 그러나 이 바쁜 세상에 어디 그게 쉬운 일인가? 그저 내 멋대로 해보는 생각이지. 그리고 내가 그들에게 무슨 '선생' 노릇을 했다고 이러는가? 부끄럽다. 다만 지난날에 어떤 인연을 맺었던 사람으로서, 이 쓸쓸한 시대를 함께 살아가는 사람으로서, 다시 만나 서로 마음을 주고받고, 그리운 고향 이야기라도 하고 싶을 뿐이다.

## 사랑에는 표현의 기술이 필요하다

온 힘을 다해 사랑하는 대상?

아들의 얼굴이 가장 먼저 떠오릅니다. 나는 아들과 편지를 주고받습니다. 5대 1 비율로 내가 다섯 번 보내면 아들이 한 번이나 보낼까? 장 그르니에도 그랬습니다. 카뮈보다 먼저 편지를 써서 보냈고 그 횟수도 선생인 그르니에가 훨씬 많습니다. 팔불출 아빠로 비칠까 걱정되지만, 아들의 편지를 소개해보겠습니다.

성년을 맞은 해에 아들에게 두 가지를 약속하자 했고 아들도 들어보더니 흔쾌히 동의했습니다.

그 하나가 평생토록 1년에 한 번, 1박2일 이상(하룻밤은 꼭 자는) 아들과 아빠가 여행 함께 하기입니다. 첫해인 2011년에는 그 준비로 일본어를 배우더군요. 겨울방학 때에 일본 오키나와를 함께 다녀오자는 것입니다. "내가 안내해줄게!" 하며 시작한 일본어입니다. 일본 여행 책을 낸 적이 있는 아빠지만 일본어를 전혀 못하는 것을 보고 한심스럽게 생각했을지도 모르겠습니다.

또 하나의 약속은 역시 평생토록, 아빠에게 십일조를 내는 것입니다. 아들이 돈을 벌게 되면 그 수입의 10분의 1을 자신을 키워준 데 대한 감사의 표시로 내놓기로 한 것이지요. 지난 방학 때 아르바이트해서 번 돈부터 10분의 1인 십일조가 아빠의 통장에 넉 달간이나 들어왔습니다. 이 두 가지 약속은 꼭 지킬 거라고 합니다. 그러면서 이렇

To 아빠께,

타이밍을 딱 맞췄어야 했는데 내가 한 발, 아니 여러 발 늦었네. 이게 내게 부족한 2%인가봐. 마음만 앞서고 당일 아침에 전화도 늦어버리고…….

이런, 올해로 정말 만 20세가 되어 자타공인 성인이 되었네. 심적으로 큰 변화는 없지만 그래도 성인이 되어 내 지나온 인생 20년을 돌이켜보면 난 정말로 아빠를 만나 얻은 것도 많고, 다른 애들이랑은 차원이 다른 유년기를 보낼 수 있었던 것 같아. 앞으로 공부하고 취직하고 바쁘더라도 아빠와 한 약속, 1년에 한 번 1박2일 이상 여행 꼭 지킬게!

일단 7월에 있을 마지막 병원 치료 마무리 잘하고 완치가 되면 여행 계획을 세워보자! 작년에 예상치 못한 큰 사고로 많이 다쳤는데도 내가 옆에 있지 못해서 마음이 많이 안 좋았어. 올해 마무리 치료는 내가 간병할게. ㅎㅎ 앞으로는 다시는 이런 일 없자는 의미의 마무리 치료!

마지막으로, 어버이날 그것도 성인이 된 해에 맞이하는 어버이날을 기념으로 진심으로 날 낳아주고, 키워주고, 지금의 나로 성장할 수 있게 지원해줘서 고마워. ^^

2011년 5월 8일 어버이날에

신도림에서 자취하는 아들이
서귀포에 있는 아빠께

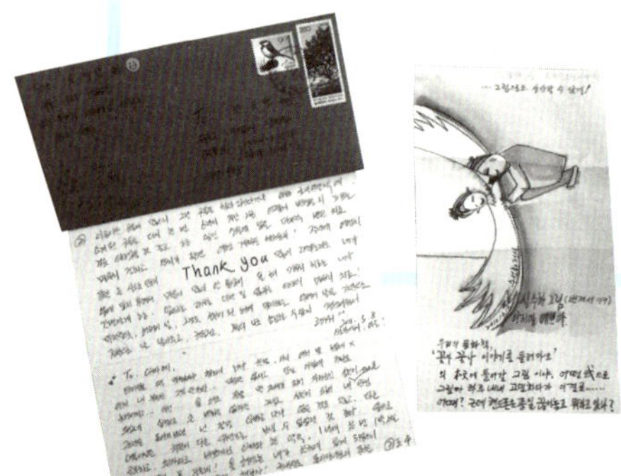

제주도의 아빠와 신림동에 사는
아들이 나눈 편지

게 말합니다.

"이제 곧 예순인데 아빠는 두 가지 연금을 받게 되네. 국민연금과 아들 연금! 하하하. 이런 부자 아빠 있으면 나와 보라고 해!"

여러분도 한번 해보세요. 내 자랑 같지만 자식과 부모 간의 사랑에도 표현할 무언가가 있는 게 좋습니다. 퍼주기만 하는 내리사랑만이 사랑은 아닙니다. 가족 간에도 신뢰의 사랑은 더욱더 소중합니다.

이 두 가지 약속 이후, 50대 중반의 나는 내 역할에 더욱 충실해지고자 노력하고 있습니다. 아빠다운 아빠이고 싶은 걸 넘어 사람다운 사람이고 싶은 것이지요.

요즘은 편지를 주고받는 일이 거의 사라졌지만, 상대에게 마음을 전하는 데에는 편지가 아주 그만입니다. 사랑의 감정이라면 더욱 그러하겠지요.

독일의 한 우표 경매장에서 라인하르트 카이저는 우표가 붙은 몇 통의 편지에 주목합니다. 2차세계대전이 일어나기 전 누군가의 사랑 이야기가 담겨 있었기 때문이었습니다. 지극히 개인적이고 평범한 내용이기에 그대로 잊힐 편지들이 카이저에 의해 한 권의 책으로 세상에 나옵니다. 애틋한 사랑 이야기가 한 작가의 관심과 사랑으로 부활하게 된 것입니다. 바로《러브 레터》입니다.

나의 라일락,

베니스가 아무리 아름답다고 해도 당신은 나를 잊지 않았을 거라고 믿소.

볼로냐에서 머물렀던 그 아름다운 이틀은 아직도 나의 피 속에 생생하게

남아 있소. 너무나 짧았던 시간이었소.

나에게 남아 있는 것은 당신의 사진들뿐이오. 사진 속에서 당신은 30번이

나 '사랑에 빠져' 내게 미소를 짓고 있소.


《러브 레터》는 이렇게 시작합니다.

카이저는, 아무 말을 하지 않고 아무 행위를 하지 않아도 그저 함께 있는 것으로 충분하다는 수피즘 철학을 믿고 있는 건 아닌가 싶습니다. 벗들이나 사랑하는 사람과 함께 앉아 있는 것이 으뜸의 행복이라고 하는 수피즘 철학에 따르면, 사랑을 나누는 두 연인이나 우연히 발견한 옛 편지에서 그들의 사랑을 찾아낸 카이저의 마음은 으뜸의 행복으로 가득 차 있었을 것입니다.

# 조금 더
## 행복해지기 연습

최근에 우표를 본 적이 있나요? 최근에 우표를 붙인 편지를 보낸 적이 있나요? 우표가 붙은 편지를 받아본 적은 있나요?

누군가에게 편지를 써보면 어떨까요? 편지에 또박또박 쓸 때노, 우표를 붙일 때도, 우체국으로 갈 때도, 빨간 우체통에 편지를 넣을 때도, 그리고 부치고 돌아오는 동안에도 가슴은 왠지 모를 뿌듯함과 행복감에 젖어 있을 것입니다. 편지 한 통 보내는 것만으로도 나는 행복한 사람이 됩니다. 당장에 답장을 받지 못해도 좋습니다. 나의 마음이 그에게로 가 닿았다는 게 중요합니다.

편지를 자주 쓰려면 우체국에 가서 최근에 나온 기념우표를 한 세트로 사 두는 게 효과적입니다. 예쁜 우표를 보면 편지가 쓰고 싶어질 테니까요. 엽서도 함께 사서 누군가가 문득 떠오를 때 편지를 보냅니다. 우표 값은 270원이면 됩니다. 270원으로 넉넉해지는 행복, 바로 편지 띄우기입니다.

# 지난날에 얽매이지 않는다

· 흔들리지 않는 마음 ·

사람이 죽은 뒤 유언에 따라 재산을 분배하고 남겨진 물건들을 따로 처리하는 외국 영화의 장면이 인상적이었습니다. 장의사나 변호사의 역할이 있듯이 이런 일을 도맡아 하는 전문가도 있는 것 같습니다. 영화를 보면서 우리는 죽으면? 장의사 외엔 떠오르는 게 없습니다. 반면에 서양인들은 남겨진 물건들을 다른 사람에게 되팝니다. 보통 사람들의 소소한 물건들도 누군가에게는 소중한 물건이 되어 재사용되는 것입니다.

유명인들의 유품만 보존되거나 거래되는 게 아니었습니다. 침대나 가구, 괘종시계, 그릇 등등 수백 년이나 지난 생활용품을 서양의 가정에서는 어렵지 않게 볼 수 있습니다. 하지만 우리는 가족이 챙기는 몇 가지 유품 외에는 죽음과 함께 다 없어지고 맙니다. 죽은 이의 물건을 가족이 아닌 타인이 물려받는 일을 불경스럽게 여기고, 설사 필요한 사람이 있다고 하더라도 거래가 마땅치 않으니 죽음과 동시에 거의 태워버립니다. 그 같은 서양의 전통은 생활 측면에서 일견 합리적입니다. 게다가 보통 사람들의 역사를 남긴다는 측면에서 보더라도 다행이 아닐 수 없습니다. 쉽게 잊히고 마는 개인의 역사가 후세에 남겨지기 때문입니다.

## 실패한 과거 또한 내 것이다

2010년, 일본을 자전거로 돌면서 백제 마을이라는 산 속 작은 동네에 들렀을 때입니다. 120년쯤 된 오래된 여관에서 묵었습니다. 그곳엔 여관에서 묵은 사람들의 흔적이 담긴 방명록들이 진열돼 있었습니다. 시골 여관의 방명록이기는 하나 자그마치 120년의 기록입니다. 물론 지금도 방명록을 손님에게 내놓습니다. 몇 자 적으면서 100년 뒤에도 내 글씨가 남아 있겠구나, 하는 생각에 손이 좀 떨려 왔습니다. 나보다 더 오래, 그것도 남의 나라에 남게 될 내 글씨라……. 일본에선 이런 일을 종종 만납니다.

'이래서 우리나라엔 없는 물건들을 일본인들은 지니고 있구나.'

지금으로부터 1,300여년 전, 600년대 신라에 쫓겨 일본으로 건너온 백제인들이 고향 땅에서 가지고 온 목공 공구들이 지금도 잘 보관돼 있었습니다.

문득 죽고 난 뒤 버려질 내 물건들이 무엇일까, 집안을 여기저기 둘러봅니다. 옷가지 하나라도 누군가에겐 필요할 터인데, 하며 유물들을 사들이는 서양 영화 속 상점이 우리나라에도 있으면 좋겠다는 생각을 해봅니다.

나와 오래 함께해온 물건이 있나, 찾아봤습니다. 어렵지 않게 만년필이 잡힙니다. 중학교 1학년 때 은행에 다니던 큰 누나로부터 선물받은 파카51 만년필입니다. 촉이 다 닳아 꾹 눌러야만 쓰이지만 아직도 새 글의 첫 시작, 제목 따위를 쓸 때 이 만년필을 사용합니다. 내가 제일 좋아하는 색에 가까운 초록색 잉크가 지금도 들어 있습니다. 함께한 햇수를 세어보니 41년이 되었습니다.

57년 된 벽시계와
41년 된 파카51 만년필

더 오래된 물건은 열흘에 한 번 꼴로 태엽을 감아줘야 움직이는 벽시계입니다. 아직도 잘 갑니다. 작은 누나가 태어날 때 기념으로 부모님이 사신 거라 하는데 집구석에 처박혀 있기에 내가 가지고 와서 지금까지 잘 쓰고 있습니다. 적어도 57년이 된 고물이지만 기름도 쳐주고 제때 밥(태엽 감기)도 줘가며 집에서 제일 잘 보이는 벽에 늘 걸어놓습니다. 매 시간 들려오는 종소리가 아주 정겹습니다.

그 외에 30년 가까이 가지고 있는 책들이나 사전이 몇 권 있고 아, 25년 된 우산도 있네요. 이 우산은 실로 꿰매고 휜 우산살을 펴서 지금도 쓰고 다닙니다. 25년 동안 받쳐들고 다닌 우산이 상상되나요? 아주 깨끗합니다. 총각 때 사귀던 여자를 만나러 가다가 별안간 소낙비가 쏟아지는 바람에 광화문에서 샀습니다.

'비를 피해서 가면 됐을 텐데 구두쇠인 내가 왜 샀지?'

아마 젖은 머리로는 만나고 싶지 않았나 봅니다. 그녀에게 잘 보이고 싶었던 순수한 마음을 보는 듯해서 버리지 않고 고이 쓰고 있습니다. 그녀와 헤어졌고 그녀의 이름도 잊었지만 이 우산을 샀던 기억, 살 때의 그 마음이 지금도 고스란히 남아 있습니다.

26년 된 전축과 LP판들, 40년 이상 가지고 있는 사진 확대기, 이것들은 앞으로 내내 나와 함께 살아갈 것입니다. 남들에겐 구닥다리 고물이지만 나에겐 특별한 정이 듬뿍 담겨 있거든요. 되돌리기 싫은 과거를 그래도 버리지 못하고 가슴에 품고 사는 것처럼요. 실패한 과거도 남의 것이 아닌 바로 내 것이니까요.


## 지난날에 얽매여 스스로를 힘들게 하지 않는다

흔히 지난 일에 얽매이지 말라는 말들을 합니다. 그만큼 세상이 어지럽게 변하기 때문이겠지요. 하지만 지난 일에 얽매이지 말라고 해서 지난 일을 다 잊자는 뜻은 아닙니다. 시간은 앞으로만 흐르지만, 돌이켜보는 것은 모든 계획이나 행위의 시작이기 때문입니다. 지난날을 소중히 여길 때 현재도, 또 미래도 소중하게 다가올 것입니다.

그럼에도 불구하고 살아가는 동안에는 지난날과의 단절이 필요할 때가 있습니다. 나은 방향으로의 변화라면 더욱 그렇습니다. 굳이 과거에 얽매여 스스로를 힘들게 할 이유는 없는 거지요. 이 같은 과거

청산은 삶의 주인의식이 분명하고 확고할 때 가능합니다. 과거에 연연하지 않아도 될 소신과 사명감이 내 안에 싹트는 순간 나를 얽매는 과거는 더 이상 나를 어떻게 하지 못합니다.

평소 '광희국민'이란 네 글자를 한자로 끼적거리던 습관이 있었습니다. 전혀 관계없는 생각을 하는 외중에도 무심코 이 글자를 쓰곤 했습니다. 여러분도 무심코 쓰게 되는 단어 한두 개쯤 있을 것입니다. '광희국민' 외에 '육본'이라는 글자 또한 그렇습니다. '육본'이란 육군본부의 줄임 한자어입니다.

지난 과거에서 가장 즐거웠던 초등학교 때와 가장 암울했던 군대 시절을 두 단어는 암시합니다. 잠재의식 속에 남아 있는 내 과거가 글자로 나타난다는 게 신기하면서도 답답했습니다. 현재의 삶이 과거에 묶여 있다는 반증으로 이해했기 때문입니다.

그런데 묘하게도, 나 자신의 욕심과 주변에 휩쓸리지 않고 내 스스로 삶을 결정하기 시작한 이후부터 낙서장에서 이 두 단어는 사라져 갔습니다. 신문사를 그만둘 무렵이었는데, 12년이 지난 지금 이 두 단어는 생각조차 나지 않을 만큼 내게서 완전히 멀어졌습니다.

그렇다고 해서 내 삶의 주인의식, 사명감이 뭐 대단했던 것은 아니었습니다. '내게 주어진 몫만큼 성실하게 사는 것, 이것이 내가 이 세상에 나온 이유다'라는 정도입니다.

적당히 살자는 게 결코 아닙니다. 그 반대입니다. 내게 주어지고 맡겨진 것, 내가 가지고 있는 것을 소중히 여기고 성실하게 활용하는 게 내 소명입니다. 별것 아닌 것 같지만, 그 같은 마음가짐이 내게는 흔들리지 않고 살아가는 힘이 되어 참으로 든든합니다.

## 결함보다는 손상되지 않은 부분을 더 활용하라

2010년, 추석을 앞두고 밤늦게 자전거를 타다가 어둔 고갯길에서 넘어져 크게 다쳤습니다. 골절 등 다친 부위가 많아 전신마취 수술을 받아야 했습니다. 오전 10시에 수술실로 들어가 온몸이 꽁꽁 묶여 입원실로 다시 돌아온 시간은 밤 8시가 넘어서였습니다.

10시간의 수술, 그러나 전신마취 상태인 나는 10시간이 전혀 길지 않았습니다. 아니, 길고 짧음의 어떤 감각도 없었습니다. 머리맡에서 '곧 수술 시작합니다'라는 말을 듣고 곧바로 '다 됐습니다'를 들었습니다. 그 사이엔 10시간 이상의 시간 흐름이 있었을 터인데 깨어났을 때 내가 느낀 시간은 '제로'였습니다. 수술 시작과 끝을 동시에 느꼈습니다. 10시간이 순간이며 찰나였습니다.

전신마취는 생물적 기능을 강제로 다 죽이는 것입니다. 죽어 있어야 할 시간에 잔뜩 겁을 먹고 있었던지라 '만에 하나'라는 극히 희박한 변수에 민감해져 깨어날 순간에도 잔뜩 긴장했을 것입니다.

태어나 처음 10시간 죽으러 가면서 든 생각은 이랬습니다.

'이 정도면 괜찮게 살았지, 뭐.'

그런데 만약에 진짜 못 깨어난다면? 두려움은 극한 상황까지도 가정하게 하는가 봅니다. 전날 밤 유서까지 써놓았으니까요. 외국에서 공부 중인 아들이 당황할 것이기에 충격을 줄여주자는 심사였습니다. 나의 과거를 돌아보며 첫 번째 떠오른 이 또한 당연히 아들이었습니다. 어느 부모나 다 그렇듯이, 세상에 태어나 가장 행복하고 가장 가슴 아프게 한 아들을 처음 만난 일, 함께한 시간 중에서 가장 즐거웠던 기억만을 떠올렸습니다. 겁이 나서 눈을 꼭 감고 있었지만, 웃고 있는 나를 알아볼 수 있었습니다.

무사히 깨어난 다음에야 나는 '죽어 있는 시간 = 0'을 통해 진짜 죽음도 이와 같지 않을까 하는 생각이 들었습니다. 이후 농담을 하곤 합니다. '죽음 = 0'이라는 사실을 알려주는 죽음 여행을 450만원(치료비) 주고 다녀왔다고 말입니다. 그리고 또 한 가지, 내게 딱 한 번만 주어진 지금 이 시간을 헛되이 보내서는 안 되겠다는 생각이 전율과도 같은 짜릿함으로 다가왔습니다.

과거는 현재를 옭아매지만 않습니다. 과거는 미래를 견인합니다. 과거에 드러난 나의 모자람이나 결함도 마찬가지입니다. 이를 후회만 한다면 현재나 미래는 과거처럼 모자람과 결함의 축적에 불과하겠지만, 실수투성이 동물인 사람은 후회하고 반성하면서 이를 극복하는 능력도 함께 가지고 있습니다.

두뇌는 이미 프로그램으로 고정되어 있는 것이 아니라, 역동적이고 능동적으로 작용하며 진화와 변화를 조절하는 극도로 효율적인 적응 조직이다. 그래서 인간의 두뇌는 비록 심각한 장애가 있는 경우에도, 일관된 자아와 외부세계를 형성하고자 하는 신체조직의 욕구에 끊임없이 적응하려고 노력한다.


임상신경학자, A. R. 루리아의 말입니다. 그의 스승 L. S. 비고츠키는 '결함보다는 손상되지 않은 부분을 더 활용하라'는 말도 남겼습니다.

과거의 실수나 실패도 마찬가지입니다. 비고츠키의 말은, 과거의 실수나 실패에 얽매이지 말고 그 외의 다른 요소를 적극적으로 활용하라는 말로도 들립니다. 우리는 단점만을 지나치게 의식한 나머지 자신의 장점을 보지 못하거나 심지어는 스스로 무시하기까지 하곤 합니다. 남의 성공 사례에 나를 억지로 끼어 맞추려는 경우도 적지 않습니다. 남과 같지 않은 자신의 장점은 제켜두고 말이지요.

남의 성공은 잘 포장된 종합선물세트와 같은 것이지만, 꼭 그렇게 세트로 묶지 않아도 쓸 만한 물건은 얼마든지 있습니다. 한 가지만으로도 충분히 값진 선물이 될 수 있습니다. 종합세트는 남에게나 주는, 남을 위한 선물일 뿐입니다.

조금 더

# 행복해지기 연습

평소에 이를 어느 손으로 닦나요?

나이 마흔이 지날 즈음, 평균수명으로 따져 반절쯤 산 나이에 으레 오른손에 들린 칫솔을 왼손으로 바꿔봤습니다. 우리 몸은 오랜 습관에 의해 고루 쓰이고 균형 있게 활용되지 못해 이것이 병의 원인이 되기도 한다는 글을 읽고 난 다음이었습니다.

어색하고 어설프기도 해서 왼손으로 닦은 이는 개운치가 않았습니다. 해서 아침엔 왼손, 자기 전엔 오른손, 이렇게 나눠 닦고 있습니다. 요즘은 왼손으로도 익숙해져 왼손으로 닦는 일이 더 많아졌습니다.

무심코 해오던 습관을 바꿔보는 작은 일이 몸의 균형을 잡아주는 것은 물론, 쓰지 않아 녹슬었을지도 모를 두뇌에 기름을 쳐주는 역할을 합니다.

우선, 왠지 모르게 재미있습니다.

# 몸이 슬퍼할 일을 만들지 않는다

· 몸을 소중히 여기는 마음 ·

헨리 소로의 얘기를 150년이 지난 지금 다시 들어봅니다.

땜장이 톰 하이드가 교수대에 세워졌습니다. 마지막으로 하고 싶은 말을 할 시간이 그에게 잠깐 주어집니다.

"재단사들에게 전해주게. 첫 바늘을 꽂기 전에 실에 매듭짓는 일을 잊지 마라."

그가 남긴 마지막 말입니다. 소로는 하이드를 예로 들면서 삶이 아무리 초라하더라도 그 삶을 외면하지 말고 있는 그대로 받아들이며 살아야 한다고 했습니다. 자신의 생활을 외면하거나 '빌어먹을'이 입버릇이 될 정도로 신세를 탓해서는 안 된다고 했습니다. 덧붙여 이런 말도 남겼습니다.

"삶은 제일 풍족할 때에 가장 빈곤해 보인다."

나는 이 말을 '삶이 가장 어렵다고 느껴질 때 삶에 대한 애정이 더욱 강해진다'로 바꿔 들었습니다. 여러분은 어떻게 바꾸시겠습니까?

## 삶이 힘들 때 삶에의 애정은 더욱 강해진다

생물학적인 이야기를 해보겠습니다. 나는 위기 속에서의 몸을 곱

씹어본 적이 있습니다. 몸에 극한 이상이 생겨날 때 성욕이 극대화된다는 생물의학자들의 주장에 대해서입니다. 그들은 나름대로 신체과학적 근거를 제시하지만 난 이것을 직접 몸으로 느껴봤습니다.

자전거 사고로 최소한 6시간 동안 정신을 잃었을 때였습니다. 119 앰뷸런스로 병원에 실려와 골절된 부위 여기저기의 엑스레이를 찍고 으스러진 오른쪽 어깨뼈를 고정시키기 위해 압박 고정대로 내 상체를 휘감는 야단법석 와중에도 그 6시간 동안 기억나는 것은 하나도 없었습니다.

다만, 아주 깜깜한 밤 제주 중산간도로 내리막길에서 사고 직후 핸드폰으로 119를 딱 한 번 부른 다음 흩어진 짐과 자전거를 인도 쪽으로 가지런히 옮겨놓은 일은 생생하게 기억납니다. 그러고 나서 바로 정신을 잃었습니다. 아마 다른 차들이 나를 보지 못하고 덮칠까봐 그것을 더 우려했던 것 같습니다.

그 후 119 차량이 왔지만 듣지 못했고 이때부터는 전혀 기억이 나질 않습니다. 살고자 하는 무의식의 의욕이 작용해 어떤 힘을 일으켰던 것으로 여겨집니다. 스스로도 이해할 수 없는 일이라 '어떤 힘'이라고밖에 표현을 못 하지만, 그 힘이 내게서 나온 것만큼은 분명한 사실입니다.

나중에 들어보니 119 대원들은 내가 줄곧 "피가 나요. 피가 흘러요. 피가 많이 흐르나요?"라고 말했답니다. 위기의 자각과 두려움 때문일 텐데, 내게는 그런 말을 한 기억이 없습니다.

그리고 6시간 뒤, 서귀포 의료원 응급실에서 눈을 떴을 때 상체가 무엇인가에 묶여 고정돼 있었습니다. 젊은 의사가 '깨어났느냐?'라고 물어왔습니다. 그는, 서귀포 시에선 얼굴의 골절과 우려되는 뇌의 손상을 고칠 병원이 없으니 제주 시로 옮겨야 할 것 같다며 응급처치는 했으므로 날이 샐 때까지 기다리자고 했습니다.

그 말을 듣고 누워 있는데 아랫도리가 팽창해져 있는 것을 느꼈습니다. 나이가 들어 수년째 거의 없었던 일이건만, 응급실 한 구석에 누워 그 일을 벌이고 있었습니다. 새벽 응급실엔 좀 전의 남자 의사와 남자 간호사만 있었습니다. 게다가, 난 결코 동성애자가 아닙니다. 내가 성적으로 자극받을 일은 아무것도 없었건만……

글로 읽을 땐 믿지 못했던 생물의학자의 말을 체험으로 찰떡같이 믿게 되었습니다. 극한 위기 상황에 내몰린 몸에서 성욕이 분출되는 것은 종족 보존의 본능에서 비롯되는 자연적인 현상이며, 내 몸도 예외는 아니었나 봅니다. 몸이 위기를 알아차린 것입니다.

'네가 죽더라도 너의 씨는……'

살고자 하는 의욕도, 성욕도 모두 무의식에서 나왔습니다.

한편으로 사고 후 8일 만에 수술을 받게 되었을 때는 의식 속의 위기감을 맞았습니다.

함께 있지 못한 아들에게 유언을 글로 남긴 뒤 나를 돌아보게 되었습니다. 앞서 얘기했지만 '이 정도면 괜찮게 살았지 뭐'라는 말이 무의식의 성욕처럼 아주 자연스럽게 내 입에서 나왔습니다.

인생의 달관이라고요? 나는 그런 것과는 거리가 매우 먼 삶을 살아왔습니다. 저잣거리, 가장 복작거리는 곳에서 남들보다 좀 더 나은 대학, 직장을 갖고자 혈안이 되어 살아온 세월이 짧지 않고 또 매우 현실적인 사고방식의 소유자에 속합니다. 더욱이 종교도 없습니다.

그래도 두려움을 덜어내기 위한 억지웃음을 지을 수 있었던 것은 삶 자체에 감사할 수 있었기 때문입니다. 또한, 아들의 얼굴을 떠올렸기 때문입니다. 이 세상에 태어나 20년 동안 아들과의 만남을 이끌어준 '어떤 힘'에 감사했기 때문입니다.

10시간의 수술 뒤 다시 돌아온 다음에도 삶에 고마운 마음이 들었습니다. 역시 '어떤 힘'에 감사하며 연장된 삶에 대한 애정이 더욱 깊어짐을 느낄 수 있었습니다. 삶이 가장 어렵다고 느껴질 때 삶에 대한 애정이 더욱 강해진 것입니다.

스피노자가 그랬지요? 세상이 내일 멸망하더라도 그는 오늘 사과나무 한 그루를 심겠다고 했습니다. 한 번 크게 다친 후 나는 스피노자 똘마니가 된 게 너무나 행복합니다. 삶이 여기서 그치지 않은 나는 분명히 행운아입니다.

## 사랑이 있는 곳에 신이 있다

삶은 온전히 내 것 같지만 내 것이 아닌 경우도 품고 산다는 생각을 해봅니다.

이것을 선각자들은 소명이라고 부릅니다만, 소명에 크고 작음, 많고 적음의 구분은 없을 것입니다. 주어진 몫대로 사는 게 바로 소명이고 모든 삶은 그 자체로 의미를 가지기 때문입니다.

'삶이 아무리 초라해 보이더라도 그 삶을 외면하지 말고 있는 그대로 받아들이며 살아야 한다'던 소로, 나는 또 하나의 명함을 팝니다. 소로의 똘마니가 됩니다.

사고를 당한 체험을 통해 다시 얻은 삶을 행운이라고 했지만, 사고는 사고일 뿐입니다. 피할 수 있으면 피해야지요. 무엇보다도 가장 큰 깨달음은 '내가 내 몸을 너무 소홀히 해왔구나'였습니다. 소중한 내 몸이거늘 그 주인인 내가 방치한 사실이 부끄러웠습니다. 건강한 몸을 너무나 믿었던 거지요.

세상 일이 으레 그렇습니다만, 건강이 얼마나 소중한지를 사고가 일깨워줬습니다. 더 늙어 몸이 병들 때까지 모르고 지냈을 내 몸의 소중함을 안 것도 내겐 큰 선물입니다.

극한 상황의 체험은 또 한 가지의 이점이 있습니다. 흔하디흔한 일상으로 흘겨만 봤을 가까운 것들의 소중함과, 너무 작아서 보지 못했던 내가 지닌 작은 것들의 귀중함을 새삼 느끼게 되었습니다.

이와 비슷한 현상을 학자들은 또 놓치지 않았습니다.

미국의 심리학자 제임스 페니베이커 박사는 대학생들에게 경험에 대해 글을 쓰게 했습니다. 그러자 극히 나쁜 경험을 한 학생들의 글에 선 숨김이 없었습니다. 솔직했습니다. 하지만 이렇다 할 경험이 없는 평범한 대다수 학생들의 글에선 피상적인 주제와 이를 포장한 과제 제출용 글이 대부분을 차지했습니다.

페니베이커 박사는 학생들의 이후 심적 변화를 지켜봤습니다. 제 경험을 솔직히 다 털어놓은 학생에게서 불안이 감소되는 현상을 발 견할 수 있었습니다. 반면, 피상적 글쓰기를 한 학생들은 오히려 많은 불안을 안고 있다는 사실을 발견했습니다. 이런 사람들은 자신의 아 픈 기억에 대해 울지도, 이야기하지도 않고 꽁꽁 싸매둡니다. 외로워 도 슬퍼도 울지 않는 것이지요. 그래서 이 현상은 '캔디 증후군'이라 고도 불립니다.

나 역시 극한 위험에 처한 경험을 통해 스스로에게 솔직해지는 법 을 배울 수 있었던 듯합니다. 불안의 마음이 줄어들고 긍정의 마음이 커지는 것을 느낄 수 있었습니다.

그런데 어찌 사고 같은 불행을 경험으로 만들 수 있을까요? 젊어서 고생은 사서라도 한다지만, 사서 한 고생이 진짜 고생이 될 리는 없습 니다. 고생을 놀이 삼을 수는 없습니다. 대신 내 몸을 소홀히 했다는 자각은, 몸의 소중함을 배우고 익히는 무언가를 찾게 했습니다.

얼굴 표정에 따라 감정과 신체 반응이 달라진다는 이론이 있더군요. ‘안면 피드백 이론facial feedback theory’입니다. 특정한 얼굴 표정이 그 표정과 관련된 정서를 유발시킨다는 이론으로, 쉽게 말해 억지로라도 밝은 표정을 지으면 기분이나 마음까지 그렇게 바뀐다는 것입니다.

대뇌의 감정 중추와 표정 중추는 서로 연결되어 영향을 주고받기 때문에 얼굴 표정의 정보가 뇌에 전달되어 정서 반응을 이끌어내는 것이지요. 그래서 억지로라도 웃는 표정을 지으면 실제로 웃을 때와 비슷한 화학반응이 일어난다고 합니다.

웃다보면 기분이 좋아지고 기분이 좋아지면 생각도 밝아집니다. 보통 사람은 웃길 때 웃지만 행복한 사람들은 웃을 일이 없을 때조차 웃습니다. 만약 지금 행복하지 않다면 행복한 일이 없는 게 아니라 우리의 얼굴 표정이 굳어 있기 때문일지도 모릅니다. 옛 말씀에도 일노일로 일소일소一怒一老一笑一少란 게 있습니다. 한 번 화를 내면 한 번 늙어지고 한 번 웃으면 한 번 젊어진다는 뜻이지요. 행복해지고 싶다면 하루에도 몇 번씩 웃음을 지을 일입니다.

얼굴 표정의 변화로 내 마음과 몸을 컨트롤해보곤 합니다. 사고 이후 ‘내 몸 내가 소중한 줄 안다’의 체험이자 실천입니다. 이것은 결국 내 몸에 대한 사랑입니다.

10시간 수술을 받은 그날 밤, 혼자 병실에 누워 나는 수술 전날 밤처럼 또 눈물을 흘렸습니다. 나의 소중한 것들과 사랑을 깨우쳐주신 신이 너무 고마워서였습니다.

'사랑이 있는 곳에 신이 있다.'

톨스토이의 똘마니를 하나 더 추가해야 할 것 같습니다.

(119 대원 여러분께 진심으로 감사드리며, 2년 넘게 개목걸이라며 지니고 살지 않던 핸드폰에도 감사합니다. 핸드폰의 위치 추적으로 정신을 잃은 나를 찾을 수 있었으니 이들 모두는 내 생명의 은인입니다. 이 글을 쓰면서 깜빡할 뻔했습니다. 이렇듯 가까운 고마움은 쉽게 잊는다니까요.)

# 행복해지기 연습

'내 몸 쓰다듬어주기'입니다. 잠들기 전, 더 좋은 때는 아침에 잠에서 깬 다음 누운 자세로 자기 몸을 더듬고 쓰다듬어주는 것입니다.

'오늘도 나를 위해 애써줄 나의 이 고마운 몸'

고맙다는 말을 아침저녁으로 내 몸에 하는 것입니다. 이렇게 시작한 그날 하루는 어떨까요? 그날 하루가 어땠을까요?

겨드랑이나 사타구니의 림프샘을 매일 어루만져주면 실제로 몸 건강에도 무척 좋다고 전문가들은 말합니다. 몸과 마음의 치유가 되어줄 내 몸 쓰다듬기는 모든 사랑의 시작, 즉 자기애입니다.

# 참아내기 위해 노력하지 않는다

· 성공에 다가가려는 마음 ·

내가 '5개년 계획'이란 말을 처음 들었던 것은 박정희로부터가 아니었습니다. 사실, 박 정권의 치적으로 알고 있는 경제개발 5개년 계획도 쿠데타로 정권을 가로챈 후 4·19 이후의 장면 정부 때 수립해놓았던 것을 박 정권이 차용했다고 합니다. 또 대학 때 계획경제와 경제 계획을 구별하는 수업을 들으면서 공산주의 국가 소련에서 이미 쓰이고 있다는 사실도 뒤늦게 알았습니다.

내가 처음 들은 5개년 계획의 입안자는 아버지였습니다. 거의 무학에 가까운 나의 아버지는 자식들 앞에서 이렇게 말하셨습니다.

"아무것도 가진 것 없이 서울로 올라왔을 때가 해방 맞고 6·25 사변 터지던 그 사이였다. 그때 나는 5년 단위로 계획을 세웠다. 5년 안에 얼마를 벌어야겠다는 계획이다. 처음 2년까지는 모이는 돈이 거의 없었다. 2년 반이 지나자 돈이 모이기 시작하더니 처음 5년을 계획했던 목표가 3년쯤 되니 앞당겨 달성되었다."

너희들도 계획을 세워 공부하라는 말씀이었지만 듣고 있던 그때 얼마나 좀이 쑤시던지 5분도 앉아 있기 힘들었습니다. 머릿속에 채워질 리 없었습니다. 배움이 짧으셨던 탓인지 만날 그 말씀만, 하도 많이 들어서 40년이 훨씬 더 지난 지금도 기억이 나나 봅니다. 중학교 때 경제개발 5개년 계획의 성과를 시험 때문에 달달 외우면서 나는 이런 생각마저 들었습니다.

'야, 배운 것 없는 우리 아버지 대단하네. 일본 육사 출신 박정희 수준 아냐?'

아버지께는 모독으로 들릴지 모르겠지만, 마음속으로 뿌듯했던 느낌이 지금도 더듬어집니다.

하지만 나라가 경제적으로 넉넉해졌지만 사람들의 불만은 더 커져만 갔습니다.(실제로 〈아시아 바로미터〉에 따르면 아시아 국가 중 현실의 삶에 가장 불만이 많은 나라가 한국임을 알 수 있다.) 설상가상으로 우리 집은 경제적으로도 파탄을 맞고 말았습니다.

## 1년 갖고는 안 돼. 5년은 있어야 해

《인간의 굴레》에 나오는 이야기를 하나 더 들려드릴까 합니다. 주인공 필립이 독일에 1년만 있고 영국 옥스퍼드로 간다고 하니, 필립의 가정교사가 이런 말을 합니다.

1년 갖고는 안 돼. 5년은 있어야 해. 인생에는 좋은 게 두 가지가 있는데, 사상의 자유와 행동의 자유야. 프랑스엔 행동의 자유가 있어. 무슨 짓을 하건 잔소릴 하는 사람이 없어. 하지만 행동의 자유가 보장된 프랑스에서도 남들이 생각하고 있는 것처럼 생각하지 않으면 안 된다네. 그런데 독일은 어떤가. 남들이 하는 대로 해야 해. 그렇지만 무슨 생각을 하건 상관이 없다네. 사상의 자유와 행동의 자유, 이 두 가지는 모두 중요하고 정말 좋은 거야. 그런데 영국이란 나라엔 그중 어느 쪽도 없단 말이야. 그저 인습에 얽매여 있을 뿐이지. 마음대로 생각할 수도 없고, 마음대로 행동할 수도 없어. 그건 무엇 때문인가? 민주주의적 국민이기 때문이지. 아마도 미국은 더 형편없을 거야.

이래서 프랑스는 예술가가 많고 독일은 철학자가 많나 봅니다. 그런데 한국은 어떨까요? 한국은 더더욱 형편없을 거야, 라는 말을 덧붙이고 싶습니다. 민주주의, 좋지요! 그런데 민주주의적인 국가의 국민들이 사상의 자유와 행동의 자유가 없어서 더 형편없다고? 인습에 얽매여 있다는 말에서 '우린 더해' 이 말이 절로 튀어나옵니다. 그렇다면 현재의 우리를 지배하는 인습은 무엇일까요?

유교는 이미 60대 이상의 전유물로 잔존해 있기에 '요즘 애들은 되먹지 못했어' 같은 한탄은 한정된 자리에서나 듣습니다. 우리가 당면한 최대의 인습은 바로 민주주의가 만들어놓은 자유의, 자유에 의한, 자유를 위한, 자신의 속박이 아닐까 생각합니다.

게다가 모두를 위한 자유가 개인만의 자유로 전락되어 타인의 자유를 방해하거나 눈에 거슬리게 하는 경우를 자주 봅니다.

'나 하나만 잘되면 그만 아냐?'

개인의 자유의 최대 지향점은 바로 성공입니다. 경제적 성공, 권력적 성공…… 목표와 목적이 너무나 투철하여 '어떻게 해서든'이 정당화됩니다. 아무리 불의를 저질러도 성공하고 나면 다 씻겨지고 오히려 칭찬과 존경의 요소로 둔갑하고 마니까요. 너 나 할 것 없이 최고 대학 지향의지가 극에 달하고 1등이면 죄까지도 면죄부를 주는 사회, 1등주의가 만연한 세상에 우리는 살고 있습니다.

'1년 갖고는 안 돼. 5년은 있어야 해.'

이 말은, 앎에 있어서 꾸준함이 요구되는 절대적이고도 충분한 시간이 필요하다는 것을 뜻합니다. 약삭빠른 성공의 규칙 위반은 이 짧은 말에 들어 있지 않습니다.

성경에서 하나님도 약삭빠른 야곱을 더 사랑한 것을 보노라면 하물며 인간이야 싶습니다. 형 에서가 받을 축복을 쌍둥이 동생 야곱이 어머니의 도움을 받아 가로챈 일은 내 생각에 아마도 선행교육의 원조가 아닌가 싶습니다.

이렇게 해서 성공한 야곱이지만 야곱이란 말에는 '남을 속이다'라는 뜻이 있다고 합니다. 물론 성경에서는 인간의 속성을 반어적으로 질타하고 이러한 인간이기에 속죄하지 않으면 안 된다고 일깨워주는 것이겠지요. 하지만 나는 그 이전에 우리가 생각하는 성공이 진짜 성공인지를 묻고 싶습니다.

## 내가 생각하는 나의 성공에 답하라

세상에서 가장 성공했다는 평을 받을 한 사람이 떠오릅니다. 그는 세계 최고 부자이기도 합니다. 그의 책 《미래로 가는 길》을 보건대 그도 역시 자신의 미래에 대해 확신을 가지지 못했는가 봅니다.

> 폴과 나는 그것이 정확히 어떤 용도로 쓰이게 될지는 몰랐지만, 아무튼 그것이 우리 자신과 컴퓨터업계를 변화시킬 것이라고 믿었다. 우리는 미처 꿈도 꾸지 못했던 세계에 발을 들여놓게 되었다. 우리는 지금 또 하나의 장정이 시작되는 출발전에 서 있다. 이번에도 우리는 그 징징의 종작시가 어딘지 모른다.

모르겠다, 모른다는 말이 자주 나옵니다. 그 역시 미래로 가는 길이 불안했던 것입니다. 그러나 그는, '전인미답의 땅을 안내해주는 지도는 없다'면서 전도가 유망하고 잘 닦인 길 대신 순탄하지 않은 길을 선택합니다.

물론 그도 인정했듯이, 미국에서 태어났기에 운이 따른 측면이 있습니다. 대형 컴퓨터를 생산하고 있던, 당시에도 거대 기업인 IBM과의 인연 또한 그에겐 행운이었습니다. 그는 같은 고향 시애틀의 한 프로그램 개발업자(스티브 발머)로부터 Q-DOS라는 운영체제 프로그램을 5만 달러를 주고 모든 권리를 차지하게 되는데, 이를 기초로 작은 창고에서 MS-DOS를 만듭니다. 그리고 IBM에 MS-DOS를 팔 때는 살 때와는 달리 카피 당 일정액의 지분을 요구합니다. 거대 기업인 IBM은 예사롭게 보고 이 요구를 순순히 받아들이고…… 대박이 터집니다. 만약 IBM이 게이츠가 그랬던 것처럼 프로그램을 통째로 사버렸다면 지금의 마이크로소프트나 빌 게이츠는 존재하지 않을 것입니다.

당시 비슷한 운영체제로 게이츠와 같은 처지에 있던 프로그램 개발업자들은 대부분 파산을 하고 맙니다. IBM과의 인연은 상당한 운도 따랐고 빌 게이츠의 상술 또한 능했던 것입니다. 훗날 게이츠는 자신을 세계 최고의 갑부로 만들어준 스티브 발머를 영입하게 되는데, 이 점도 빌 게이츠의 장점이라고 할 수 있습니다.

그는 《미래로 가는 길》에서 미래에 대해 상당히 조심스러운 진단을 내놓습니다.

지금은 어리석게만 여겨지는 과거의 숱한 예언들을 보면서 우리는 웃는다. 오래된 〈포퓰러 사이언스〉 잡지를 뒤적여보라. 가정용 헬리콥터나 값을 따지기가 멋쩍을 만큼 싸디싼 원자력 같은 문명의 이기들이 소개되어 있다. 역사는 그런 아이러니의 예로 가득하다. 1878년 옥스퍼드 대학의 한 교수는 전등을 눈속임이라고 무시했다. 1899년 미국 특허청의 한 심사관은 발명될 수 있는 것은 모두 발명되었으므로 특허청을 폐지하자고 제안을 하기도 했다. 나는 이 책을 신중하게 썼지만 앞으로 10년 뒤에 이 책이 어떻게 평가될지에 대해서는 장담할 수 없다. 내가 말한 것 중에서 들어맞는 내용은 당연시될 것이고, 틀린 내용은 비웃음을 살 것이다.

빌 게이츠의 머리에서 나온 말입니다. '불확실성의 시대'에 살고 있는 사람은 빌 게이츠나 우리나 다 마찬가진가 봅니다. 어쩌면 문명의 이기를 접하지 못한 채 옛 생활을 유지하며 사는 아프리카 소수 민족들의 삶이 '확실성의 시대'에 더 어울린다고 하겠습니다.

앞에서 성공의 선두 주자에 대한 설명이 길었습니다. 이번에는 하버드 대학을 중퇴한 빌 게이츠와 마찬가지로 하버드와 인연이 있는 또 한 사람의 삶을 소개하고자 합니다.

그는 하버드를 졸업하고 한동안 일정한 직업 없이 떠돌았다고 합니다. 그 뒤 모든 것과의 인연을 끊고 아무도 살지 않는 촌으로 들어가 2년 동안 홀로 삽니다. 그때의 기록을 담은 작품《월든》의 작가, 헨리 데이비드 소로입니다.

그는 빌 게이츠와는 달리 경제적 풍요와는 거리가 아주 먼 삶을 내내 살았습니다. 월든 호숫가에 살면서 자연에 대해 세밀히 관찰합니다. 그리고 자연의 보편성에서 깨달은 가르침을 세상에 나와 행동으로 옮깁니다. 1846년 소로는 미국과 멕시코 간 전쟁(이 전쟁으로 미국은 뉴멕시코 주 등을 빼앗았다.)과 노예제도를 반대합니다.

그는 이렇게 말합니다.

인간의 노고란, 대개 오해에서 비롯되는 법이다. 인간의 몸은 언젠가는 흙으로 돌아가 거름이 되게 마련이다. 그런데 세상 사람들은 보통 필연이라

불리는 겉으로 드러난 운명만을 믿고, 옛 문헌(성경을 말함)에도 있듯이 벌레 먹고 녹이 슬며 도둑이 들어와 싹쓸이할 재산을 쌓아올리는 데에만 급급해하며 살고 있다. 어리석은 일생이 아닐 수 없다. 처음에 그들은 이러한 사실을 깨닫지 못하지만, 생애의 막바지에 이르면 알게 된다.

소로의 말을 더 들어보겠습니다.

나는 농장이나 가옥, 헛간, 가축, 농기구 등을 부모로부터 상속받았기 때문에 도리어 불행해진 이 마을의 젊은이들을 알고 있다. 이러한 물건들은 상속받기는 쉽지만 버리기는 어렵다. 차라리 그들이 넓은 목초지에서 태어나 늑대의 손에서 자라났다면, 자신이 땀 흘려 경작해야 할 밭이 어떤 곳인지 뿌옇게 서리 끼지 않은 눈으로 꿰뚫어볼 수가 있었으리라.

소로는 노예 폐지 운동을 전개하다가 사형 언도를 받은 존 브라운을 위해 탄원운동을 펴며 강연에 나섭니다. 이 체험은 훗날 '시민은 국가의 강요를 거부할 수 있는 권리를 가진다'는 시민의 반항 정신의 토대가 됩니다.

이처럼 살다간 소로의 가르침은 150여 년을 뛰어넘어 오늘날에도 여전히 유효하고 우리나라에 더 절실합니다.

자기가 알고 있는 바를 늘 과시해야 하는 사람이 어떻게 인간의 성장에 필요한 무지를 기억할 수 있겠는가. 일만 하는 사람에게는 하루하루를 진정

성실하게 살아갈 여유가 없으며, 사람답게 타인과 교제할 시간도 없다. 이래서 노동의 시장가치는 떨어지고, 인간은 결국 기계로 전락하고 만다. 인간에게 가장 필요한 자질은 과일의 표면에 붙은 흰 가루와 마찬가지로 자기가 가진 작은 가치에 세심한 주의를 기울여 지켜야 하는 것인데, 우리들은 자신이든 타인이든 이러한 자질을 별로 소중하게 취급하지 않고 있다.

전혀 다른 삶을 살아온 두 사람, 빌 게이츠와 헨리 소로 중 누가 성공한 사람일까요? 여기에 정답은 없습니다. 다만 이들 두 사람에게서는 적어도 하나의 공통점이 보입니다. 자기 판단을 신뢰하고 꾸준히, 소신 있게 한 길을 걸었다는 점입니다. 게이츠는 아직 살아 있으니 '걷고 있다'고 해야겠지요.

그렇다면 우리는 누구의 삶을 따라야 할까요? 여전히 정답은 없습니다. 그들의 삶이 아무리 성공적이었다고 한들 그것은 나의 삶이 아니기 때문입니다.

사진을 찍을 때를 떠올려봅니다. 모델에게 촬영자는 이러저러한 주문을 합니다. 이때 그의 머릿속에는 모델을 어떻게 찍을 것인지 구상이 끝나 있어야 합니다. 그것을 모델에게 요구합니다. 구상하고 예측하고 그 결과에 책임을 지는 것은 모델이 아니라 모델을 부린 나 자신입니다. 그런데 이 점을 잊고 모델에 자신을 빼앗기고 마는 경우가 허다합니다. 사진이 제대로 나올 리 없습니다. 사진을 찍는 사람은 다름 아닌 촬영자이니까요. 다른 누군가가 대신 살아주는 게 아니라 내가 살아내야 하는 게 나의 삶이듯 말입니다.

아주 오래전 에버랜드에 가니 굉장히 넓고 잘 꾸며진 연못이 있었습니다. 삼성의 창업자 이병철 회장의 개인 연못이라고 합니다. 연못을 바라보며 '이병철 회장은 여기에 몇 번이나 와 봤을까?' 하는 생각이 들었습니다.

'에구, 부러울 거 하나 없네!'

남의 떡 커봐야 무슨 소용이 있나요. 내 입으로 넘어와야 비로소 내 떡인 게지요. 성공 역시 이런 게 아닐까요? 성공으로 느낄 만한 그 무언가를 내가 갖고 있는지가 답일 것입니다. 나는 이미 그것을 갖고 있을 수도, 그것을 얻으려 오늘도 열심히 뛰어가고 있을 수도 있습니다.

'그것'이 무엇인지 아는 것은 열심히 사는 것 이상으로 중요합니다. 왜냐하면 성공한 사람들은 단지 참아내기 위해 일을 한 게 아니기 때문입니다. 그들은 자신의 '그것'을 위해 집중하며 꾸준하게 노력해왔습니다. 그 와중에 인내해야 할 일도 생기는 법입니다. 말하자면 인내는 꾸준한 노력의 한 요소인 셈이지요.

인생은 설명문이 아닙니다. 실천 혹은 해야 할 일, 꿈들의 나열 같은 설명만 주절주절 적어놓은 설명문이 될 수 없습니다. 그렇게 설명문처럼 살아지는 삶도 없지만, 브리핑용 자기 과시를 위해 실명의 내역을 쌓아가려는 사람들이 있습니다. 이들에게는 인생의 꼬리표를 하나하나 늘리는 와중에 남에게 보일 자랑거리가 하나둘 늘어날지는 모르지만, 이도 저도 아닌 삶이 되기 십상입니다.

인생은, 적어도 나의 인생은 진솔한 마음을 담은 감상문이 되어야 합니다. 진정성이 없는 삶은 나를 포함해 누구에게도 감동을 줄 수 없습니다. 자신의 삶이 메말라 있다고 느껴진다면 스스로를 감동시킬 뭔가를 찾아보는 시간을 가져보는 게 어떨까요?

# 내 편이 되어줄 사람 만들기

· 인연을 소중히 여기는 마음 ·

어려서 책을 그리 좋아하지도 않았으면서 책을 없애지 못하는 버릇만큼은 있었습니다. 연필이나 펜, 샤프 등 문구류도 마찬가지입니다. 수십 년 모은 이것들을 보고 있자면 죽기 전에 다 쓸 수는 있을까…… 거의가 두고 갈 물건들입니다. 앞으로 30년이고 40년이고 잉크 외에는 더 살 필요가 없이 이것 하나만은 좔도 비축해뒀습니다.

누렇게 바랜 책이 손에 잡힙니다. 형 이름이 뒷면에 써 있는 것을 보니 형이 버린 책을 주어놓았나 봅니다. 아니면 내가 훔쳤든가.

1979년도에 나온《불확실성의 시대》라는 책입니다. 줄을 쳐놓고 메모도 해놓은 것을 보아하니 다 읽긴 했나본데, 분명히 기억나는 것은 '지금 우리가 사는 세상이 과거 어느 때보다도 불확실하다는 것은 확실하다'라는 문구입니다.

불확실성을 알려주는 책 앞에 아이러니하게도 〈성공비법 8장〉이란 제목의 신문 쪼가리가 붙어있습니다. '사람은 누구나 성공하길 바라고 있다'로 시작하는 박스 기사입니다. 이런 글을 그다지 좋아하지 않으므로 이건 아마도 형이 붙여놓은 듯합니다.

미국의 하버드 대학 행동과학연구소가 발표한 내용의 발췌 기사입니다. 결론부터 말하면 '성공은 그 의지에 좌우된다'고 했습니다. 이 말을 우리는 다 알고 있지요? 연구소가 제시한 성공 비결 8가지도 특별한 게 없습니다.


1. 목표를 스스로 설정하라.

2. 선정한 목표가 당신에게 알맞은가를 평가하라.

3. 자신의 장점과 단점을 알아야 한다.

4. 목표가 정해지면 일을 열심히 해야 한다.

5. 계획된 일은 계획된 시간 안에 꼭 처리하라.

6. 장애를 극복해야 한다.

7. 틀에서 벗어나라.

8. 각 단계마다 스스로 성공을 믿고 자신을 가져라.


다 아는 것들이죠? 역시 자기 의지에 달려 있습니다. 그런데 각 항목의 설명 다음에는 눈에 띄는 조언이 들어 있습니다.

유념해야 할 것은, 지위가 높아지면 권한과 함께 의무와 책임도 그만큼 많아진다는 사실이다.
나는 할 수 있으며 또 해내고 있다, 라고 스스로에게 말하라.


30년이 지난 기사를 읽으면서 30년의 세월을 되돌아봅니다. 이래서 책에 메모를 하거나 감명 깊은 구절에 줄을 치며 물론 느낌도 함께 적어둡니다. 책에서 만나는 과거의 나는 즐거움 혹은 아쉬움입니다. 이 때문에 손때가 묻은 책을 버리지 못하고 이사 갈 때마다 싸들고 다니나 봅니다. 이사 비용이 좀 더 들지언정 오랜 세월을 함께한 책을 보고 있으면 뭔지 모를 든든함이 느껴지곤 합니다. 이렇듯 버리지 못한 과거는 현재를 견인합니다.


## 세상과의 인연이 나를 키운다

카뮈의 스승이자 《섬》의 작가인 장 그르니에는 '누군가를 잊을 순 있어도 책을 잊지는 못한다'라고 했습니다. 예순 후반이 되면 시골 마을의 학교 앞에 작은 도서관을 차리는 게 내 꿈이기도 합니다.

살아가는 데 있어 사람과의 인연 외에 책이나 영화 한 편과의 인연도 매우 소중합니다. 결국 이 인연들이 나를 성장시킵니다. 가만히 보면 서재의 책들은 알게 모르게 내 삶을 이끌어주었습니다. 묵묵히 그 자리에서 나를 바라보고 있다가 몇십 년만에야 눈에 띄어 다시 인연을 이어가기도 하지만, 그 시간의 길이만큼 책은 사람 못지않게 가슴을 찡하게 만들곤 합니다.

9년 전쯤 서재에 들어선 작은 책 한 권이 손에 잡힙니다. 《잠수복과 나비》입니다. 타인의 글씨가 책 앞머리에 보입니다.

"《바늘구멍 사진기》(내가 쓴 책)는 장 도미니크 보비의 《잠수복과 나비》를 생각나게 하는군요."

한 출판사 편집자의 말을 듣고 어느 독자가 내게 선물한 책입니다. 이 독자와는 현재 연락이 끊어졌지만 그가 선물한 책은 여전히 나와 인연의 끈 역할을 하고 있습니다.

《잠수복과 나비》라는 책 또한 인연의 좋은 본보기라 하겠습니다. 프랑스 패션 잡지 〈엘르〉의 편집장 장 도미니크 보비는 자동차 운전 중 갑자기 뇌졸중으로 쓰러져 오직 왼쪽 눈꺼풀만 움직일 수 있는 장애를 입습니다. 락트인 증후군locked-in syndrome, 즉 전신 마비 상태이지만 의식이 있고 정신 활동도 정상이었습니다.

그는 오로지 왼쪽 눈꺼풀을 깜빡이는 것만으로 의사소통해야 하는 몸에도 불구하고 좌절하지 않고 장애를 극복합니다. 이를 가능하게 해준 게 바로 인연입니다.

클로드 망디빌에게 감사드린다.
이 책을 읽는 독자들은,
이 책이 쓰이기까지 그녀의 역할이
얼마나 중요한 것이었는지를 알게 될 것이다.

한 여자와의 인연으로 그는 자기의 생각을 정리하고 숨을 거둘 수 있었습니다. 15개월 동안 20만 번 이상의 눈 깜빡임을 통해 클로드 망디빌은 보비의 생각을 글로 받아 적습니다. 그녀의 도움으로 결국 책이 나올 수 있었습니다.

참으로 아름다운 인연이 아닐 수 없습니다. 눈 깜빡임으로 의사 표현을 한다는 게 상상이 되는지요? 그녀가 보비 앞에서 알파벳 글자를 A부터 들어 보입니다. I에서 깜빡하면 I 라고 받아 적습니다. 그 다음 음절을 다시 A부터 시작합니다. w 글자에 눈을 깜빡이면 w, 그리고 다시 A부터……. 이렇게 해서 I was~ 문장이 완성됩니다. 이런 식으로 책 한 권을 완성한 것입니다.

두 사람이 합작한 글은 이렇게 시작합니다.

나는 점점 멀어진다.
아주 천천히,
그러나 확실히 멀어지고 있다.
항해 중인 선원이
자신이 방금 떠나온 해안선이
시야에서 사라져가는
광경을 바라보듯이,
나는 나의 과거가 점점
희미해져 감을 느낀다.
나의 내부에서 불타오르고 있지만
점차
추억의 재가 되어버린다.

## 보려고 하면 보이고 들으려 하면 들린다

삶에서 책 한 권이 가져다주는 인연이 너무나 소중한 것을 잘 알기에 대학 강의 때에는 제자들에게 책을 곧잘 선물합니다.

"최고의 강의는 시공간을 초월해 세계 최고의 선생에게서 배울 수 있는 책이다."

하지만 책의 저자에게도 독자가 스승이 될 때가 있습니다. 이렇듯 세상만사는 어느 한 방향으로 흐르는 법이 없습니다. 마음을 여는 한 꽃 한 송이, 풀 한 포기에서도 배울 점은 있습니다.

"의대에 가면 재활의학을 전공할 거예요."

나는 새 글을 쓰기 시작할 때마다 이 말을 들려준 고3 여학생을 떠올립니다. 이 여학생에게 부끄러운 글이나 책이 되지 말도록 쓰자는 마음을 다지기 위해서입니다. 벌써 10년이 넘은 일이니 변성기 남학생의 목소리였던 고3 여학생은 이제 서른 살의, 어쩌면 아이 엄마가 되어 있을지도 모르겠습니다.

수능시험이 끝나던 날 우리의 인연은 시작됩니다. 그날 시험을 치르고 난 뒤 곧장 서점으로 달려가 내 책을 골랐답니다. 이후 '알돌'이란 이름으로 메일만 보내오다가 어느 날 "제가 알돌이에요." 하며 우리는 딱 한 번 전화 통화를 했습니다.

"선생님이 이번에 내신 책을 읽고 나서 전 의대를 가도 재활의학을 전공할 거라고 마음을 바꿨습니다."

아직 한 번도 직접 만난 적이 없고 현재는 연락도 여의치 않지만 내 마음속에서 앳된 목소리의 고3 여학생을 잊은 적은 없습니다.

인연이 소중한 것은 그가 내 편에서 삶의 든든한 동반자가 되어주기 때문입니다. 이해관계를 따지는 게 아닙니다. 알량한 내 편, 네 편의 편 가르기도 아닙니다. '내 편이 되어줄 사람'은 나를 이해해주고 내가 그를 이해하는 사이입니다. 따라서 나 또한 그의 편이 되어주어야겠지요.

인생의 내 편은 삶의 갈림길에서 방향을 잡아주는 스승이기도 합니다. 힘들 때 나를 위로해주고 함께해주는 친구입니다.

삶은 외로울 때가 참 많습니다. 저마다 제 앞길만 바라보고 뛰어가기 때문입니다. 기운이 한창일 때야 외로운 줄 모르고 살아가지만 삶은 그렇게 녹록하지 않습니다. 삶에 지쳐 힘들고 외로운 순간은 반드시 찾아옵니다. 내 편의 진정한 효용가치는 바로 이때에 있는지도 모릅니다. 내가 지치고 힘들어 울어야 할 때 곁에서 눈물을 글썽여줄 사람, 그가 바로 인생의 내 편입니다.

三人行必有我師焉 擇其善者而從之 其不善者而改之
세 사람이 길을 가면 거기에는 반드시 나의 스승이 있다. 그들의 선한 점을 골라서 그것에 따르고, 그들의 선하지 않은 점을 골라서 나를 바로잡는다.

공자님 말씀을 인용해보지만 요즘은 세 명이 아니라, 수십 명이 함께 걸어도 고만고만 모두 똑같기만 합니다. 타인에게 마음을 열지 않으니 남의 장점 따위는 보이지도 들리지도 않습니다.

그러하니 마음의 눈을 크게 뜨고 귀를 세워야 합니다. 삶의 내 편 찾기는 여기부터 시작입니다.

서두에서 말했듯이, 성공이든 내 편의 인연이든 모든 것은 자기 의지에 좌우됩니다. 보려고 하면 보이고 들으려 하면 들릴 것이니, 인연은 누군가 내게 다가오는 것이 아니라 내가 누군가에게 다가가는 것입니다. 10년 전 재수생이었던 나의 독자와 한, 떡볶이를 사주겠다던 약속을 지키고 싶은 마음이 지금도 여전하기에 그녀와 나와의 인연은 현재진행형입니다.

조금 더
:
행복해지기 연습

집에서 촛불을 켜본 일이 있나요? 정전 때 말고, 항의 시위 때 말고 말입
니다. 모든 전기를 내려놓고 촛불만 켭니다. 그 안에 자기를 비추어봅니다.
촛불을 봅니다. 살랑살랑 움직이며 꺼질 것 같은 작은 촛불을 마음으로 미
저 끕니다. 눈을 감습니다.
고독 체험입니다.
고독, 사람은 혼자가 될 때 자기를 더욱 솔직하게 들여다볼 수 있기에 자
기를 더 잘 그려냅니다.
'나는 지금 무엇을 하며 사는가?'
'나는 얼마나 자유로운가?'
촛불과의 대면은 자신과의 진솔한 만남입니다.

# 마음을 풍요롭게 하는 감사

## ・고마워하는 마음・

인류의 조상은 풍요로운 때일수록 더욱 감사하는 마음을 갖는 지혜를 터득하고 실천해왔습니다.

추석이나 추수 감사제 등이 그렇습니다. 아프리카나 자바, 남미 원주민들의 현지 생활을 보면 사냥해서 잡은 동물들을 바로 잡아먹지 않습니다. 감사의 마음을 표하는 제를 올린 뒤에야 그것은 비로소 먹잇감이 됩니다. 여러 종교 의식의 제물도 이와 유사한 감사 표현으로 이해할 수 있습니다.

하지만 이들 의식에서 마음은 뒷전이고 차츰 형식에 치우치는 경향으로 바뀌었습니다. 문명인들이 원시생활이라고 폄훼하며 구경거리로 여기는 원주민들의 감사 의식은 꽤 진지합니다. 진심이 깃들어 있음을 느낄 수 있습니다. 반면에 문명사회의 우리들은 어떤가요? 감사의 의식은 바쁜 세상에 불필요한 요식 행위쯤으로 축소되거나 마지못해 치르는 절차의 의미로 퇴색되어가고 있습니다.

촌지는 고마운 마음의 나눔이었습니다. 촌지寸志는 '마음에 품은 작은 뜻'이란 의미입니다. 가르침을 주신 스승께 고마움의 작은 뜻을 담아 사례를 했던 게 그 유래입니다.

이런 촌지를 지금은 없애자고 합니다. 이 고마운 마음의 나눔을 없애려는 이유는 촌지의 의미와 목적이 변질되었기 때문입니다. 옛날 촌지는 보통 배움이 끝날 무렵 책거리와 함께 전해지지만, 지금의 촌지는 배움이 시작되기도 전부터 주고받습니다. 은혜에 대한 감사의 선물이 아니라 특별한 대우를 바라는 뇌물이 되어버렸습니다.

아름다운 옛 풍습을 그 쓰임의 타락으로 폐기하자고 합니다. 문화의 뒷걸음질이며 삭막해지는 세태의 반증입니다.


## 세상일은 마음만으로 전해지지 않는다

일본의 구석구석을 자전거로 달릴 때 느꼈던 것입니다만, 가장 자주 눈에 띄는 일본인들의 행위는 인사입니다. 어린 아이들까지도 '곤니찌와(안녕하세요)', '스미마셍(미안합니다)', '아리가또(고맙습니다)'를 입버릇처럼 입에 담습니다. 처음 보는 이들조차 예외 없이, 아니 오히려 먼저 인사로 반겨옵니다.

이러한 일본의 첫인상을 서양인들도 높이 평가해 자주 얘기하곤 합니다. 바로 이웃이면서도 중국과 한국은 그렇지 못합니다. 물론, 대체로 그렇다는 말이고 민족의 국민성 또한 장단점은 분명히 있습니다. 인사성이 좋다고 해서 그들의 역사 의식, 공동체 의식 모두에 후한 점수를 줄 수는 없습니다.

여기서는 인사성과 그 안에 담긴 고마워하는 마음에 대해서만 다루고자 합니다. 일본인들이 인사성이 밝은 것은 교육, 특히 가정교육 때문입니다. 그래서 몸에 배어 있는 것입니다. 반면에 가정에서조차 인사할 줄 모르는 우리는 고마워하는 마음을 드러내는 데 서툽니다.

지방의 국립대학에서 강의하고 있을 때, 서울의 대학과 비교해 이들이 받는 불이익을 극복할 방법을 찾아주고 싶었습니다. 토익 점수 높이고 스펙을 쌓아라, 하고 남들처럼 말할 순 없었습니다. 그런 정도로 치열한 경쟁을 헤치고 나갈 도리는 없기 때문입니다. 실제로 토익 점수나 어학연수 등 학생들의 스펙은 뒤떨어질 게 없는데두 최종 면접에서 곧잘 떨어지곤 했습니다. 다른 경쟁자와 다를 게 없는 준비만 해왔던 게 그 이유였습니다. 언론정보학과 학생들인 만큼 그와 관련해 색다른 경력을 쌓을 방법이 필요했습니다.

생각이 여기에 미치자, 나는 학생들에게 수업 내용을 바탕으로 함께 책을 써보자는 제안을 했습니다. 대학에서 흔하게 있는 일이라고요? 대학원이겠지요. 도움을 줬다는 이름 석 자 올리는 정도가 아니라 공저자로서 참여하게 했습니다. 나의 취지를 알고 모두 좋아했습니다. 그러나 진행 중, 더욱이 내 강의가 끝나고 난 뒤에는 모두들 흐지부지했습니다.

바쁘다는 것을 모르진 않습니다. 하지만 정작 불참 이유는, 학점 외에는 신경 쓰고 싶지 않았던 것 같습니다. 해보지 않은 일이었으니 출판에 확신을 갖지 못한 것도 하나의 이유였을 것입니다. 결국 선생인

나 혼자 써서 책을 냈습니다.

수업 과제물을 책 내용에 포함시켰던 만큼 참여자의 원고료 지급을 알렸지만 연락을 해온 학생은 13명 중 딱 한 명이었습니다. 그 학생마저 미안해서인지 한 번 연락으로 끝냈습니다. 증정본 책과 함께 게재 건수에 따라 차등 원고료를 지불하기로 했지만 1년이 더 지난 지금도 그 돈은 내가 맡아두고 있습니다.

나는 시작할 때 이랬습니다.

"책의 첫 판 인세는 대략 3백만원쯤 될 것이다. 이것을 14명이 나누기보다는 이 돈으로 출판 기념여행을 다녀오는 게 너희들 대학 생활에서 의미가 있지 않겠느냐?"

제자들은 모두 좋다고 했습니다. 하지만 이 역시 불발에 그쳐 못내 안타깝습니다. 나는 학생들과 일본 자전거 여행을 계획했었고, 이 역시 공동 출판이 목적이었습니다. 자전거를 타고 다니며 직접 현장 취재해 조선시대와 일본의 에도시대 당시를 비교하는 글을 나눠 쓰기로 했던 것입니다. 이 같은 체험을 통해 제자들에게 지방대 출신의 벽을 허물어 자긍심을 심어주고 싶었습니다만, 이 또한 나 혼자 끝내야 했습니다.

고마움을 표시할 줄 모르는 제자들의 반응이 훗날 남을 통해 들려옵니다. 미안해서 연락을 못 드리고 있다고 했습니다.

표현하지 못하는 습관은 어디에 원인이 있는 걸까요? 사회의 어른인 선생과 가정의 어른인 부모에게 그 책임을 물어야 할 것입니다. 또한 '마음으로만 하면 되지 뭐'라고 생각하는 안이함을 질책하고 싶습니다.

'마음속에 품고 있으면 되지. 그걸 어찌 일일이 다 표현해!'

하지만 세상일은 마음만으로 전해지지 않을 때가 많습니다. 마음이 아무리 중요하다고 한들, 생각에만 그치고 만다면 삶의 발전은 있을 수 없습니다. 그런 의미에서 고마워하는 마음의 표시는 생각의 실천이기도 합니다. 생각만 하며 삶을 허비해서는 안 됩니다.

'고맙다'는 말을 많이 하는 사람일수록 성공 확률이 높다고도 말하지만, 이 또한 목적을 띤 고마움인지라 참으로 공허합니다. 고마운 마음이 들 때 '고맙다'고 말하는 것만으로도 충분합니다. 일례로 일본에서 오래 살았던 어느 지인은 친절의 대명사 일본인들에 대해 이렇게 말합니다.

"사람들은 더할 나위 없이 친절한데 오랫동안 만났어도 정이 깊어지지가 않네요."

그러나 나는 고개를 가로젓습니다. 정은 순전히 개인성에 따르지만 인사는 우선 사회성을 반영하기 때문입니다.

## 책에서 고마움을 배우다

고마워하는 마음의 부재는 가정교육, 학교교육에 원인이 있다고 했습니다만, 이것은 원인에 해당할 뿐 딱히 당장의 대안으로 삼을 수는 없습니다. 집단의 책임으로 몰아가면 지적질만 가능할 뿐 실행으로 옮겨지진 않습니다.

이것도 막연한 대안에 가까운 분석이긴 한데, 고마워하는 마음에 대해 하나 발견한 게 있습니다. 책을 많이 읽으면 고마워하는 마음이 커진다는 사실입니다. 이 또한 대체로입니다. 물론, 무조건 많은 책은 아닙니다. 학습 교재나 잡지, 또는 베스트셀러 일색이라면 책 없이 TV에만 빠져드는 것과 다를 게 없습니다. 오만한 마음만이 더해질 뿐입니다. 제 스스로 똑똑하다 이거지요.

하지만 책을 고를 때 신중하게 고민하는 경우, 읽어서 고마울 책을 고르는 노력이 뒤따른다면 다릅니다. 별로 어려운 일도 아닙니다. 세상에는 여전히 고마운 책들이 적지 않으니까요.

나는 고마움 중에서도 가장 고마울 때가 좋은 책을 만났을 때입니다. 이런 책을 읽으면 '고마움의 표식'도 꼭 남깁니다. 책을 다 읽은 다음에 그 소감을 나의 표정으로 그려 놓는 것입니다.

입이 귀에 닿도록 활짝 웃는 표정 그림 옆에 'very good'이 써 있다면, 이는 나중에 다시 읽어보라는 표시입니다. 이런 책을 만날 때 얼마나 고마운지 모릅니다. 책은 달랑 만 원에도 접할 수 있는 최상의 강의, 최고의 선생입니다.

최근에 읽은 미국 성장 소설《나를 사랑한 야곱》은 너무 고마워 눈물이 다 날 지경이었습니다. 종교, 특히 기독교에 대한 이해를 이보다 더 쉽고 가슴 깊이 전해준 글은 일찍이 만나본 적이 없었기 때문입니다. 아주 오래전에 읽은《만다라》로 불교의 정신을 제대로 이해했을 때 느낌과 비슷했습니다. 고마운 책들을 떠올리고 있자니《연을 쫓는 아이들》도 외면하기 힘듭니다. 아프가니스탄 출신의 미국 의사가 저자인 이 소설은 그 어느 책보다도 현장감 있게 실재의 중동 문제를 애절한 시선으로 바라볼 수 있게 해주었습니다. 남북으로 분단되고 동서로 분절된 우리의 현실을 이 소설처럼 다룬 글은 왜 없을까, 하는 자각도 고마운 마음의 또 다른 표현일 것입니다.

스위스의 철학자이자 교육자인 칼 힐티가 한 말을 빼놓고 책 예찬만 이어갈 수는 없습니다.

독서를 통해 얻는 그것의 산물인 지식을 과대평가해서는 안 된다. 독서의 주안점과 독서가 가져다주는 주된 혜택은 지식이 아니라 행위이다. 좋은 행위로 옮겨지지 않는 모든 지식은 무익한 소유일 뿐이다.

좋은 행위로 옮겨지지 않는 지식은, 고마워하는 마음이 있다고 스스로 믿을 뿐 그것을 겉으로 표시하지 않는 것과 같습니다. 여기에는 자기만족만 있을 따름입니다.

고마워하는 마음이 없는 것은 오만이 크기 때문입니다. 단순한 지식의 집적은 오만방자한 행위만을 양산할 뿐입니다. 고급이라는 인식만이 있는 문화, 저질 문화인 것이지요. 경제 규모 2만불 시대의 착각은 바로 이런 것입니다. 경제 수준과 문화 수준이 동시에 이뤄져야 하는데 문화 수준이 따라주지 않습니다. 그러면서 그 문화에 맞춰 산다고 믿습니다. 베스트셀러 책을 읽어야만 문화인이라고 착각하는 거지요. 정의가 전혀 없는 사회에서 《정의란 무엇인가》라는 책이 많이 팔리는 것과 비슷한 현상이라 할 수 있습니다. 《정의란 행동하는 것이다》라는 책이 나와 베스트셀러가 되는 날을 기대해봅니다.

진심 어린 고마움의 마음을 가슴에 채워주는 책을 만나는 일은 행운이며 행복입니다. 좋은 책을 많이 만날수록 세상에 대한 감사의 마음도 커질 것입니다. 고마움의 마음은 바로 나의 행복입니다. 고마워하는 일이 많을수록 내 마음도 넉넉해집니다.

동시에 고마워하는 마음은 행위이며 실천입니다. 원시 때와는 달리 먹을 것보다는 지식이나 지혜의 필요가 절실해진 오늘날, 그것을 전해주는 책에 감사의 제를 올려야 할 것입니다.

'규칙적으로 책을 읽어라.'

이것은 칼 힐티의 주문입니다. 일주일에 한 번, 한두 시간 정도 독서 시간을 마련해보는 게 어떨까요? 가족이 있다면 함께 책을 읽거나 도서관에 놀러 가는 것도 좋습니다. TV 앞에서 보내는 시간에 비하면 턱없이 적은 시간이지만, 책과의 만남을 통해 내 영혼을 살찌우게 됩니다. 따뜻한 가슴(감정)과 차가운 뇌(이성)를 동시에 갖게 될 것입니다.

책에서 배움을 구하지 않는 젊음은 참 안타깝습니다. 간혹 책 읽기를 아주 싫어하는 사람들을 보곤 하는데, 책 읽기에 빠져드는 방법은 의외로 간단합니다. 좋아하는 작가의 작품을 모조리 읽어보는 것입니다. 누구에게나 좋아하는 작가 한두 명쯤은 있습니다. 그의 모든 작품을 읽다 보면 그가 책 속에서 소개한 다른 책이나, 그의 작품에 영향을 준 책들에 자연히 관심이 가게 됩니다. 책이 또 다른 책의 인연을 만들어주는 것이지요. 이렇게 쌓인 책들은 살아가는 데 으뜸의 재산이 됩니다. 돈이나 집과는 달리 무한 재산이 됩니다.

# 희망이 없는 사람처럼 슬퍼하지는 마라

### • 슬픔을 이기는 마음 •

슬픔을 이기는 마음은 슬픔을 그대로 놔두는 일입니다. 고통이나 아픔은 이겨내서 극복해야 하겠지만 슬픔은 이겨내려고 맞서기보다는 적극적으로 품어서 견뎌야 합니다.

장례식장이 딸린 중형급 병원의 로비에서 노래가 들려옵니다. 병원에서는 금지곡일 듯한 노래, 정호승 시인의 〈이별 노래〉입니다. 생음악 무명가수의 목소리는 절절했고 환자나 그 가족인 관객들 사이로 훌쩍이는 소리도 들려옵니다.

떠나는 그대
조금만 더 늦게 떠나준다면
그대 떠난 뒤에도
내 그대를 사랑하기에 아직 늦지 않으리

"뭐 저런 청승맞은 노랠 불러서 가뜩이나 죽겠는데, 사람 더 울적하게 만들어?"

이런 소리도 함께 들립니다. 이를 의식해서인지 가수는 1절을 마치고 잠시 노래를 중단합니다.

"슬픔을 억지로 참으려고 하지 마세요. 몸에 더 안 좋다고 하더군요. 울고 싶으면 맘껏 우셔야 합니다. 가슴에 담아두지 마시고 울음을 터뜨려 밖으로 풀어내세요. 우리의 옛 조상들은 곡을 하며 더 울게 했고 그러면서 아픔을 치유하는 지혜를 가졌습니다. 제가 그 역할을 제대로 할 수 있을지 모르겠습니다만……."

그는 다시 노래를 이어갑니다. 슬픔이 애절한 노랫말을 타고 병원 로비에 울려 퍼집니다.

> 그대 떠나는 곳
> 내 먼저 떠나가서
> 그대 뒷모습에 깔리는 노을이 되리니
> 옷깃을 여미고
> 어둠 속에서
> 사람의 집들이 어두워지면
> 나 그대 위해 노래하는 별이 되리니

## 모든 슬픔은 개인적이다

'외로워도 슬퍼도 울지 않는다'는 캔디 증후군은 현대인들의 일상이 되었습니다. 이것을 나는 '덤덤담담주의'라고 표현합니다. 이래도 그만, 저래도 그만인 거지요.

합리나 이성은커녕 비이성, 무감각에 가깝습니다. 지식이나 재능,

정보에의 의존이 커지고 손에 잡히는 기계로 모든 소통이 가능해진 요즈음, 우리는 애써 감정을 죽이며 삽니다. 따뜻함을 죽이고 슬픔을 죽이고 기쁨마저도 죽입니다. 그 자리를 냉정함이나 자극적이고 선정적인 감정들이 차지합니다. 슬퍼도 눈물의 그림인 이모티콘으로, 그것도 기계에 내장돼 있는 것을 골라 보냅니다. 감정이 시장통의 '골라 골라'와 같은 획일적 기성상품이 되었습니다.

감정은 지극히 개인적인 것입니다. 슬픔도 예외일 수 없습니다.

"너만 슬픈 일 당하고 너만 괴로운지 아냐?"

위로로 들리지 않습니다. 유별나다는 핀잔에 가깝습니다. '세상의 모든 슬픔은 개인적인 슬픔'이라는 것을 이해하지 못하기 때문입니다. 또한 슬픔은 숨을 쉬는 것만큼이나 자연스러운 현상입니다. 세상 누구도 피할 수 없는 일이기도 합니다. 저마다 다른 사연으로 슬픔을 겪게 될 뿐이지요.

내 인생의 가장 큰 슬픔은 아들과의 이별이었습니다. 아내와의 별거로 두 살배기 아들과 15세가 되기까지 10여 년 동안 떨어져 지내야 했습니다. 그때의 슬픔은 이루 말할 수가 없습니다. 밥을 잘 먹겠다며 아들과 한 약속을 깨고 거의 걸렀고 아들하고의 금연 약속도 깹니다. 아들을 보지 못하는 슬픔에 담배는 더욱 늘어만 갔습니다.

헤어진 처음 2년 동안은 어디서 무엇을 어떻게 하며 살았는지 도통 기억이 나지 않습니다. 직장만 꾸역꾸역 다녔던 것 같습니다. 기억이 부재한 시간에 추억이라 할 만한 것은 아무것도 남아 있지 않았습니다. 딱 하나 기억나는 일은 후배의 배려에 끌려 함께 간 술집에서의 추한 기억뿐입니다.

이후 아들과 같이 살게 된 이후, 아무리 애써 부모의 두 몫을 하려한들 엄마의 몫을 채워줄 수 없는 나는 늘 아들에게 미안했습니다. 아들의 여성관, 결혼관을 들을 때마다 가슴이 미어집니다. 어른으로 인해 생긴 비뚤어짐입니다.

"내가 돈 많이 벌어다줄 거니까, 집에서 남편을 하늘같이 여기는 여자면 돼!"

학교 다녀오면 문을 열어주는 친구의 엄마와 그런 집이 부러웠다는 아들을, 어른들 일로 제 삶이 더는 휘말리지 않게 하기 위해 무리해서 중학교 때 외국으로 보냈습니다.

매일같이 걸려오는 국제전화로 아들의 울음 섞인 목소리를 들으며 나는 가슴을 쥐어짜야 했습니다.

"한국에서 아빠랑 살면서 공부에만 전념할 테니까, 외국으로만 보내지 말아줘. 아빠!"

나는 끝내 연수받던 필리핀으로 달려갔습니다. 보름간 함께 있으니 아들이 안정을 찾아가고 있었습니다. 필리핀 수빅 공항 앞에서 부자는 또 헤어집니다.

"아빠, 이젠 많이 편해졌어. 나 여기 있는 동안 아빠 생일이 겹치던

데 아빠 생일 선물은 한 달 뒤 서울 가서 할게. 아빠, 고마워. 와주셔서 요……."

한 달 후, 아빠에게 준 선물은 축하 카드와 함께 건넨 토익 점수였습니다. 먼 타지에서 혼자서도 잘 적응하고 있다는 걸 제 깐에는 목표삼은 토익 점수로 보이고자 했던 것입니다.

아들이 떠나면서 한 말을 떠올립니다. '와주셔서요'. 평소의 아들답지 않은 존칭어에 아빠는 또 쓰디쓴 눈물을 흘립니다.

어렸을 적 아빠를 어쩌다 만나던 아들은 내가 서먹서먹했을 것입니다. 그래서 말끝마다 꼬박꼬박 존칭어를 쓰곤 했습니다. 관계의 어색함, 가정의 불완전함이 아들의 말투에도 섞여 있었습니다. 친구 사이처럼 오순도순 잘 지내고는 있지만, 엄마 없이 사는 아들을 볼 때마다 고개가 떨거집니다.

다행히도 아들은 기대 이상으로 올곧게 자라 이제 군대에 갈 나이가 됐습니다만, 돌이켜보면 슬픔에 슬퍼하지 않으려는 노력은 별 의미가 없어 보입니다.


## 슬픔을 애써 감추지 않는다

슬픔을 참고만 있을 때와 다르게 참지 않고 다 울고 나면 가슴이 시원해져 옵니다. 슬픔이 빠져나간 자리는 허전함으로 남겠지만, 눈물은 우는 이유와 그 끝자리에 걸려 있는 희망을 깨우쳐줍니다. 그래서 더 열심히 살고자 하는 마음이 둥지를 틀게 됩니다.

돌이켜보면, 얼마나 다행인가 싶어 안도합니다. 슬픔이 없었다면 지금의 나 또한 없을지 모릅니다. 아내와의 이별 없이 겉보기에 온전한 가정으로 남아 있었다면 아들은 그 사이에서 더 큰 방황을 했을지도 모릅니다. 부부가 서로의 가치관이 달라도 너무 달랐기 때문입니다. 게다가 나의 삶은 어떠했을까요? 가정을 유지해야 한다는 책임감에 신문사에 눌러 앉았다면 그 불만과 스트레스로 마음과 몸은 모두 황폐해졌을 것입니다. 나는 그저 열심히 돈 벌어다주는 기계로, 기자라는 직업을 팔아먹고 있을지도 모릅니다. 그 사이에서 아들은 어떻게 달라질까, 생각만 해도 끔찍합니다…….

슬퍼할 일에 슬픔을 애써 감추는 것은 무용지물입니다.

겉으로 아무 일 없이 보일지 몰라도 속으로는 마음을 더욱 멍들게 합니다. 아무리 시간이 흘러도 슬픔이 사라지지 않습니다. 슬픔은 슬퍼함으로써 떠나보낼 수 있습니다. 그렇게 슬픔이 다하고 나면 또 다른 희망이 우리를 맞이하게 됩니다. 슬퍼할 일에는 슬퍼하되, 희망이 없는 사람처럼 슬퍼해서는 안 되는 이유입니다.

# 행복해지기 연습

눈물은 웃음과 마찬가지로 몸과 마음의 긴장감을 풀어준다고 합니다. 일설에 의하면 남자가 여자보다 평균수명이 짧은 것은 소리 내어 울지 않기 때문이라는 말도 있습니다.

살면서 눈물을 흘릴 일은 적을수록 좋겠지요. 하지만 눈물이 없는 삶은 참으로 삭막하게 느껴집니다. 슬픔이 적은 만큼 감동도 적을 테니까요. 억지로 울 이유를 찾을 필요까지야 없겠지만, 한 달에 한 권 정도 감정을 다 쏟을 수 있는 소설 하나쯤 읽어보는 건 어떨까요? 작정하고 슬픈 영화를 찾아도 좋습니다.

청소년은 물론 어른들에게도 성장 소설을 추천합니다. 가장 꿈 많던 시절을 성장 소설이 되돌아보도록 해주어 내 삶에 활력을 줄 것이기 때문입니다.

추억과 눈물, 그 뒤에 얻게 될 사랑은 삶의 윤활제입니다. 그리고 재충전제입니다.

# 나 자신을 속이지 않는다

• 진솔한 마음 •

세상만사를 진실과 거짓만으로 나눌 수는 없습니다. 거짓 같은 진실, 진실 같은 거짓이 있기 때문입니다. 진실 같은 거짓은 결국 거짓입니다. 세상에서 오직 나만 알고 있는 거짓, 마음에 꺼리는 행동이나 스스로를 속이는 마음 역시 모두 거짓입니다.

## 양심은 나를 속이지 않는 마음의 안전장치

인간이 신의 창조물임을 거짓이라고 증명한 한 학자는 그 확실한 증거로 배꼽을 꼽습니다. 신이 인간을 창조했다면 굳이 배꼽을 만들지 않았어도 좋았을 것이라는 게 그 이유입니다. 이 글을 읽으면서 그 재치에 통쾌한 생각마저 들었습니다.

근데 좀 있으려니 무신론자인 내게 다른 생각이 들었습니다. 그 학자나 나를 누군가가 놀리고 있구나, 이런 생각입니다. 지식은 물론 감정까지도 의도되고 있는 건 아닐까 하는 생각이 머릿속을 스쳤습니다. 이런 반응까지도 신은 이미 알고 있었고 그래서 '배꼽'이란 헷갈리는 물건 하나를 배에 덜렁 심어두신 것은 아닐까요? 신은 전지전능하니까요.

닭이 먼저냐 달걀이 먼저냐 하는 문제도 비슷할 것 같습니다. 정답이 없는 질문을 던져 놓음으로써 생각의 꼬리를 물게 하려는 신의 의도가 아닐까요?

진화론자들은 달걀이 먼저라고 할 것입니다. 세포로부터 진화가 시작되었다고 보기 때문입니다. 반면에 신학자들은 닭이 먼저라고 할 것입니다. 하나님이 아담과 이브라는 어른부터 만들었지 갓난아이를 먼저 만들지는 않았으니까요.

생각은 견해를 낳고, 견해는 주장을 낳고, 주장은 편을 갈라놓습니다. 편은 다시 다른 생각을 사람들에게 심습니다. 생각의 변증법입니다. 하지만 변하지 않는 게 하나 있습니다. 생각도 견해도 주장도 모두 자기 자신에서 비롯되는 바, 나의 마음이 있다는 사실만큼은 불변입니다.

그런데 엄밀하게 말하면, 변하지 않는 마음이란 없습니다. 마음은 내 자신의 안위와 이기를 위해 끊임없이 움직입니다. 내 마음이 불변이라고 믿는 것은 나를 따라 내 마음 또한 끊임없이 움직이기 때문입니다. 마치 기차 안에서 눈을 감고 있으면 속도감을 느낄 수 없는 것처럼 말입니다. 그러면서 자신의 마음은 변하지 않았다고 착각하거나 심지어 이를 숨깁니다. 일종의 자기 합리화라고 할 수 있습니다. 이를 나 자신은 알고 있습니다. 사람들은 모르고 있을지언정 속이고 있는 나만은 알고 있습니다. 신이 알고 있고 또 내가 알고 있습니다.

각종 부정한 일로 뉴스를 장식하는, 이른바 사회 지도층들이 기억이 안 난다는 둥 모르겠다는 둥 모르쇠로 일관하더라도 속이고 있는 자신은 알고 있습니다. 본인이 얼마나 가증스러운지를 스스로 잘 알지만 그런 한편으로 자기 마음에 둘러댑니다.

인간은 사회적 동물이자 이기적 동물로 타인과의 관계 속에서 자기 이익을 꾀하다 보니 거짓이란 방편이 필요했습니다. 그와 함께 인간에게는 동물이 가지고 있지 않은 양심이란 게 있습니다. 양심은 스스로를 속이지 않게 하는 마음의 안전장치입니다. 결국 이 양심이 우리를 행복으로 이끕니다.

스스로를 속이는 삶은 불행합니다. 이것을 반대로 생각하면, 스스로를 속이지 않는 삶은 행복합니다. 거짓이 없는 삶은 당당하고 거칠 게 없기 때문입니다.


## 세노이 족, 꿈으로 살아가는 부족

말레이시아 밀림에 세노이 족이 최근까지 살았었습니다. 세노이 족은 꿈을 삶의 중심에 놓고 살았기 때문에 '꿈의 부족'으로도 불렸습니다.

이들은 아침식사 때 한밤의 꿈 얘기를 서로 나눕니다. 그리고 꿈에서의 문제를 현실에서 풀어갑니다. 이를 테면, 꿈에 누군가의 마음을 아프게 했다면 실제로 그에게 가서 용서를 빕니다. 이들의 사회질서입니다. 또 맹수에게 쫓기는 꿈을 꾼 아이들에게는 어른들이 이에 대응하는 적절한 방법을 가르쳐줍니다. 이들의 교육법입니다.

이들이 가장 갈망하는 꿈은 하늘을 나는 꿈입니다. 그 이유는, 하늘은 미지의 세계로 그곳에서 새로운 물건을 가져올 수 있다고 믿기 때문입니다. 세노이 족은 이처럼 꿈을 통해 질서 있는 사회를 오랫동안 유지해왔습니다. 그래서인가 이들 부족에게는 현대 문명인들이 겪는 스트레스나 정신적 질환이 없다고 합니다. 당연히 폭력 등 남을 해치는 일도 없습니다.

하지만 평화의 민족, 세노이 족은 외부 침략자인 문명인들과 그들의 폭력적인 문명에 의해 자취를 감추고 말았습니다. 그렇지 않고 세상 사람들이 모두 세노이 족처럼 살아간다면 아마도 이 세상은 에덴동산이 되어 있을지도 모를 일입니다.

세노이 족의 꿈의 해석은 양심적이고 상식적이었습니다. 하지만 오늘날의 사회 현실에서 세노이 족이 보여준 소통의 방식은 불가능합니다. 그러기에는 너무나도 서로를 믿을 수 없는 세상이 되었기 때문입니다.

그런 이유로, 우리에게 한 가지 희망이 있다면 그것은 진솔한 마음입니다. 저마다의 진솔한 마음이 나와 내 주위 사람들을 행복하게 하는 걸 넘어 세상을 따뜻하게 만듭니다. 꿈의 부족部族은 진솔한 마음을 솔직하게 나누는 사회입니다.

## 생각하는 실천이 삶을 바꾼다

온통 서로가 잘났다고 여기는 세상에서는 타인에 대한 존중이나 배려가 없습니다. 칭찬도 적습니다. 1인당 GNP 2만불 시대의 착각이라고 할 수 있습니다. 이런 사회에서는 집단이 개인을 죽입니다. 집단화된 개인들에 의해 개인이 죽어갑니다.

집단이 개인을 죽이는 사회에서 나를 살리는 길은 '개인의 부활'에 있습니다. 이 변화는 나로부터 시작되어야 합니다. 진솔한 마음으로 나를 굳건히 지키고 이런 내가 세상을 바꾼다는 각오가 필요합니다.

품어라! 세상은 그대의 것이다.
실천하지 않고 언제나 생각만 하는 사람은 삶을 비관적으로 만들고, 생각하지도 않고 무조건 행동하는 사람은 함정에 빠진다. 인생의 지혜는 계획과 실천을 적절히 조화시키는 일에 달려 있다.

17세기 스페인의 그라시안이 한 이 말은 지금의 시대에 더욱 적절한 외침입니다. 세상은 나의 것이고 나의 주인 또한 나입니다. 나와 '나의 세상'을 바꾸려면 생각하는 실천이 절실합니다. 그 결과는 삶의 극적인 변화로 우리 앞에 나타날 것입니다.

연극이나 영화를 보면 클라이맥스 부분쯤 반전이 들어 있습니다. 결정적인 순간에 신이 출현해 문제를 해결한다는 의미의 데우스 엑스 마키나deus ex machina입니다. 내 삶의 데우스 엑스 마키나, 내 인생의 극적 전환은 나를 분명하게 의식하는 데에서 출발합니다. 진솔한 마음은 그 시금석이 되어줄 것입니다.

나는 어떤 꿈을 꾸고 있을까요?

내가 진정 원하는 것은 무엇일까요?

자신과 솔직하게 대화하면 위의 대답을 얻게 될 것입니다. 이때 역시 소위 유명인의 삶에 절대로 현혹되지 말아야 합니다. 그들은 타인일 뿐, 내 삶은 내가 살아가는 것입니다.

# 행복해지기 연습

단테의 《신곡》은 오만, 질투, 분노, 태만, 탐욕, 폭식, 애욕의 일곱 가지 죄와 그것에서 벗어나 천국에 도달하기 위한 길고 긴 여정을 담고 있습니다. 단테가 묘사한 지옥의 문에는 이런 글귀가 적혀 있습니다.

나는 슬픔의 도시의 입구
나는 영원한 괴로움의 입구
나는 멸망하는 백성에의 입구
너희들 여기로 들어가려는 자는
일체의 희망을 버려라.

한편으로 천국의 문에는 아래의 글귀가 있습니다. 오직 희망을 품은 자만이 천국에 들어갈 수 있다고 말합니다.

나는 기쁨의 도시의 입구
나는 영원한 즐거움의 입구
나는 생동하는 백성에의 입구
너희들 여기로 들어가려는 자는
작은 희망 하나라도 품어라.

# 사람의 마음을 움직이는 힘

## · 배려하는 마음 ·

동화책은 종종 어떤 종교 경전보다도 더 마음을 편하게 해줍니다. 하지만 평소보다 한 시간 일찍 일어났더니 동화까지 졸음을 가세합니다. 소파에 누워 선선한 가을바람에 이내 잠이 들었고 살랑살랑 그 바람으로 잠이 깼습니다. 몽롱한 느낌이 가시질 않는 게, 조금 전 낮잠에서 꿈을 꾸었나 봅니다. 꿈에서 다녀온 곳은 천국이었습니다. 미국 섬 지방의 꼬마가 주인공인 동화가 낮 꿈에 나타난 것이지요.

이따금 섬에 갈 때면 늘 드는 생각이 하나 있습니다.

'섬에서 살고 싶다……'

이 마음이 지금의 제주 섬으로 나를 이끌었나 봅니다. 그런데 낮 꿈에 보인 섬은 아주 작았습니다. 사람이 얼마 살지 않는 작은 섬에는 어른들도 마치 어린아이 같았습니다. 함께 어울려 놀고 폭풍 때문에 엉망이 된 집들과 마을을 함께 도와가며 고칩니다.

꿈속의 나는 산을 본 적이 없습니다. 언젠가는 배를 타고 나가 산을 보겠다고 하던 동화 속 꼬마가 꿈에선 나였습니다. 동화 속 꼬마는 14살 여자아이이지만, 꿈에서 만난 나는 현실의 나 그대로 50대 중반의 중년 아저씨였습니다.

내가 "산을 꼭 보고 싶어."라고 말하자 한 소녀가 대답합니다.

“내가 그 산으로 데려가줄게요.”

이 장면에서 가을바람이 나를 흔들어 깨웁니다.

소녀는 동화 속 14살 여자아이인 듯, 따뜻하게 배려해주는 마음이 마음으로 전해왔습니다.


## 믿음과 배려의 마음이 사람을 움직인다

이 꿈이 오래전 편지를 다시 꺼내 읽게 합니다. 내 힘으로 어찌하기 힘든 어려움에 처했을 때나 세상에 떠밀려 마음이 약해질 때 꺼내 읽곤 하는 편지입니다. 말하자면, 내게 힘이 되어주고 흔들리지 않도록 잡아주는 부적과도 같은 편지입니다.

무언가의 힘이 나를 동화 속 꿈으로 이끌어주었듯이 오래된 한 통의 편지에서도 그런 힘이 느껴집니다.

> 오 선생님, 저는 오 선생에게 격려와 위로를 드린답시고 이 글을 쓰고 있습니다. 그런데 격려나 위로가 되는 말을 하고 있는지 저도 모르겠습니다.
> 오 선생, 오 선생은 많은 사람들이 부러워하는 그 좋은 직업이라는 '신문 기자'를 스스로 그만두면서 많은 고민과 갈등을 겪었을 겁니다. 더구나 거느린 가족도 있는 몸이라서 말입니다. 주위에서 어리석다고 하고 용단이라고도 하는 평가를 들으면서 더욱 그랬을 것입니다. 그러나 결단은 이미 내려졌고 또 지나간 이야기가 되고 말았습니다.

오 선생, 오 선생이 활동할 날은 세월이 짧게 봐도 30년, 길게는 40년 넘게 남았습니다. 그리고 오 선생이 활동할 무대는, 전에 있던 곳과는 비교도 안되게 넓어졌지 않습니까. 무엇보다 오 선생은 삶에 대한 투철한 신념이 있고 필요할 때 결단을 내릴 줄 아는 용기도 지녔지 않습니까. 이런 것은 사람이 살아가는 데 있어 참으로 소중한 자산이지요. 얼마나 많은 군상들이 뭐가 뭔지도 모른 채, 주변의 흐름에 떠밀려 제 인생을 흘려보내는 세태 아닙니까. 신념이 뚜렷한 행동할 줄 아는 소수의 사람들이, 비록 그들 자신은 고달프면서도 세상을 발전시키는 소금 구실을 해왔지요.

오 선생, 그리도 사랑하는 귀여운 꼬마 아들, '좋은 그릇'으로 잘 키우시기 바랍니다. 기볍고 잽싸고 침을싱 없고 엉악하고 나만 아는 사람으로 키우는 요즘 부모들, 참으로 염려스럽지 않습니까. 모두가 나만을, 그리고 내 가족만을 위해 정신을 놓은 채 돌진하고 있지요. 슬픔 중에 가장 큰 슬픔은 마음이 죽는 것이라고 하지요. 이 세상에 온 것만으로도 축복이라는 소중한 인생을 왜들 꿈과 목표도 없이 살려고 하는지 알 수 없습니다.

……

제 책《당신 기자 맞아?》를 읽고 속을 후련하게 해준 게 고맙다며 송춘종 님께서 보내온 편지입니다. 분명히 남의 글을 빈 자기자랑에 불과합니다. 무척 망설였지만, 그럼에도 책에 옮기는 이유는 나를 바로잡아준 믿음과 배려의 마음을 보이고자 함입니다.

신문사를 그만두며 자발적 백수가 된 나의 행위를 두고 가족들이나 친지들은 하나같이 걱정부터 앞세웠습니다.

"너, 앞으로 어떻게 살려고?"

다 걱정해서 해주는 말이겠지요. 제 발로 나왔으니 실업급여 한 푼 못 받고 거의 백수로 지내다가 끝내 지방으로 떠돌고 있으니……. 물론 사실이긴 하지만, 이게 다 경제적인 잣대로 보기 때문입니다. 그처럼 걱정해주는 분들께 나는 이렇게 대답합니다.

"더 잘살고 있는데요!"

나의 호기 혹은 오기로 비칠지 모르지만, 분명히 나는 지금 잘살고 있습니다. 몸이 아직은 팔팔하고 아들이 공부 중이라 돈 걱정이 없는 건 아니지만 몇 년 후 아들이 취직하면 십일조마저 받을 수 있으니까요.(군대에 가도 사병 월급에서 10분의 1을 떼어 준다더군요.)

내가 아직 그 신문사에 있었다면 어땠을까, 가정해봅니다. 술을 사겠다는 사람들만 만나려 할 것이고 나이가 듦에 따라 얼렁뚱땅 타협하며 제 눈 감고 제 입 막고 살아가는 게 눈에 훤합니다.

독자에게 이처럼 따뜻한 편지를 받을 일도 없을 것입니다. 살아가는 데 정녕 힘이 되는 것은 돈도 아니고 허울 좋은 자리도 아니라, 나를 진심으로 위로해주고 배려해주는 마음이란 것을 한 통의 편지로 깨닫습니다.

계면쩍은 마음을 뒤로 하고 편지를 그대로 옮긴 것은, 앞에서도 소개한《러브 레터》의 영향이기도 합니다. 이 책은 사라지고 말 편지를 우표 경매장에서 한 방송작가가 우연히 발견한 인연으로 세상에 나오게 되었습니다. 제2차세계대전 전 제 스스로 어쩌지 못할 운명 앞에 놓인 한 유태인의 삶은 인간이 얼마나 무력한가를 보여주는, 문학인 동시에 역사서입니다.

작가 카이저는 편지를 손에 쥐었을 때 처음에는 장편소설로 쓸 계획을 세웠지만 그 시도가 불가능하다는 것을 깨달았다고 합니다. 그들이 나눈 실제 사랑은 문학적 상상력을 통해 풍요로워지는 게 아니라, 그저 왜곡되고 손상될 뿐이라는 이유에서입니다. 그래서 '러브 레터'를 그대로 옮기는 작업에 충실했답니다. 작가는 철저한 사실의 기술자가 되었던 거지요.

저 역시 송춘종 님의 삶을 대하는 자세를 꾸밈없이 전하고 싶었습니다. 그는 현재 일흔이 넘은 것으로 알고 있습니다. 10여 년 전 서초동 국립도서관에서 한 번 만났을 뿐입니다. 그 연세에도 손녀손자들을 데리고 배낭여행을 다니곤 하신답니다. 편지에서 쓰셨듯이 '슬픔 중에 가장 큰 슬픔은 마음을 죽이는 것', '소중한 인생을 꿈과 목표도 없이 살려고 하는지 모르겠다'라는, 타산지석에서 얻은 마음가짐을 생활 속에서 몸소 실천하시는 분입니다.

독자로부터 격려도 있지만 협박도 받습니다. 책에 같은 신문사 선배인 논설위원의 정치적인 발언에 대한 비판을 적었다가 당사자인 논설위원은 물론 편집국장에게 불려가 명예훼손에 따른 고소를 협박받기도 했습니다. 여기에 꿋꿋하게 대처하고 또 신문사를 떳떳하게 나올 수 있었던 것은 송춘종 님 같은 분들의 믿음과 배려 때문이었습니다.

그 같은 마음은 제가 주위에 베풀어야 할 마음의 빚이기도 합니다. 믿음과 배려는 사람의 마음을 움직이는 힘입니다. 선택과 결정은 본인이 하지만, 사람의 마음은 그리 강인하지 못합니다. 나를 믿어주고 배려해주는 사람이 많으면 많을수록 그만큼 우리는 스스로의 뜻을 좇아 올바른 삶으로 나아갈 수 있습니다.


## 관용은 베푸는 게 아니다

프랑스 위그노들의 '모든 이해의 근원은 관용이고 모든 악의 근원은 편협이다'라는 말이 떠오릅니다. 세계에서 가장 자유로운 국가라는 프랑스는 똘레랑스, 즉 관용이 일상화되어 있다고 하지요.

영어 톨러런스tolerance의 프랑스식 발음인 똘레랑스는 '자기로서는 찬성하기 어려우나 남의 권리로서 인정하기'로 프랑스는 그런 바탕 위에 자유 토론이 활발하다고 합니다. 제대로 된 소통의 문화가 부족한 우리로서는 참으로 부럽지 않을 수 없습니다. 편 가르기가 만연한 우리 사회에서도 관용이란 단어가 자주 쓰이긴 하지만, 관용을 무조건의 이해나 수용으로 잘못 알고 있는 경우가 많습니다.

관용은 상대방 말을 들어주기와 이해에서 시작되고 그 뒤 합리적인 비판이 뒤따라야 합니다. 하지만, 관용을 입에 담으면서도 우위의 자리를 버리지 않는 경우를 자주 봅니다. 상대방의 말 듣기와 이해의 과정은 생략한 채 말입니다. 그래서 '관용을 베풀다'라는 얼토당토않은 말이 생겨났습니다. 관용에 베풂은 있을 수 없습니다. 온전한 관용은 수직관계에서가 아니라 수평관계에서만 가능합니다. 서로 동등하다는 전제가 깔려 있어야 하는 것입니다.

프랑스의 평등사상이 관용과 무관하지 않습니다. 그래야 자기는 찬성하기 어렵지만 남의 권리로서 인정할 수 있습니다. 그리고 그 밑바탕에는 상대를 배려하는 마음이 있습니다. 배려에서 모든 게 비롯됩니다. 배려하는 마음이 이해로 이어지고, 또는 이해가 배려하는 마음을 이끌어냅니다. 관용과 평등은 함께 가는 길입니다.

자기주장만 앞세우는 세상에서는 듣고자 하는 마음이 없으니 사람을 움직이게 할 어떤 자연스러운 힘도 갖지 못합니다. 100분 토론을 보고 있자면 처음 그 편이 100분이 지나도 그대로입니다. 방송에 나온 패널뿐 아니라 시청자 역시 마찬가지입니다. 제 귀를 막고 입으로만 토론하니 문제 해결의 실마리는 끝끝내 나오지 않습니다.

누군가의 마음을 움직이고자 한다면 먼저 그의 이야기에 귀를 기울여야 합니다. 또한 내 마음속을 열어 보여주어야 합니다. 내 마음을 닫아둔 채 배려를 기대할 수는 없습니다.

다시 낮 꿈을 되새겨봅니다. 꼬마 아이가 산으로 나를 데려가겠다고 할 때 어쩌면 그곳이 천국은 아닐까 하는 생각이 들었습니다.

내가 생각하는 천국은 사소한 것에일수록 사랑이 깃든 세상입니다. 주고받는 작은 것 하나, 서로를 바라보는 눈길에도 사랑이 담겼습니다. 손짓 하나, 말 한마디에도 상대에 대한 배려를 잊지 않습니다. 누군가가 내게, 또는 내가 누군가에게 기분 좋은 영향을 주는 세상이 그립습니다…….

인간은 두렵거나 즐거울 때, 혹은 분노를 느낄 때에도 내분비샘에서 호르몬이 분비됩니다. 이 호르몬은 외부와 교류하지 않고 몸 안에서만 순환합니다. 그에 비해 개미 같은 곤충들은 호르몬을 몸 안뿐 아니라 몸 밖으로도 내보내 다른 곤충의 몸 안으로 들어가게 합니다. 이를 몸 밖으로 나가는 호르몬이라 하여 페르몬이라고 합니다. 이렇게 해서 개미 한 마리의 감정이 수백 수천 마리의 개미로 전해지는 거지요. 사람은 페르몬을 배출하지 않지만 곤충의 페르몬과 같은 감정을 입과 귀로 나눕니다. 표정·말·행동 등의 표현으로 감정을 주고받습니다. 그러다보니 오해도 생길 수 있지만 이때는 오해를 막을 수 있는 최상의 감정을 활용해야 합니다. 헤아려 배려하는 마음의 페로몬을 우리는 가지고 있으니까요.

# 조금 더
## 행복해지기 연습

나를 바꾸는 가장 쉬운 방법은 내 말을 하기보다는 남의 말을 듣는 것입니다. 이는 좀처럼 쉽지 않은 일이지만 '귀가 두 개, 입이 하나인 이유'를 마음에 새겨보면 어떨까요? 말하는 것보다 두 배 더 들으라고 해서 귀가 입보다 하나 더 있는 것입니다.

또 한 가지, 말을 할 때 내 얼굴의 표정을 떠올려보면 대화가 훨씬 부드러워지고 나에 대한 좋은 인상을 남길 수 있습니다.

책을 많이 읽어 삶의 지혜를 얻듯이, 남의 얘기를 많이 들어 생활의 지혜를 얻습니다. 듣지 않고 제 말만 하려 하기에 편이 갈리고 다툼이 생깁니다. 많이 들으려 함으로써 분란과 다툼을 줄일 수 있으니 생활의 지혜, 맞지요? 분란과 다툼이 적으면 화를 낼 이유 또한 줄어들 것입니다. 정신 건강에 도움이 될 테니 더 오래 사는 방법이라 해도 좋을 것입니다.

# 용서는 나를 위해 하는 것

• 용서하는 마음 •

추상적인 단어들은 가끔 헷갈릴 때가 있습니다. 사랑이라는 단어가 그 대표적인 예입니다.

어느 누가 사랑을 부정할 수 있겠습니까. 하지만 늘 이해해오던 관점에서가 아니라 조금만 속을 들여다보면 사랑은 모순 덩어리입니다. 원수도 사랑하라던 말씀의 진원지에서는 수천 년 동안 싸움이 지속되어 왔고, 사랑 하나로 다 감쌀 것 같은 가정에서는 다툼 소리가 끊이질 않습니다.

용서라는 단어도 마찬가지입니다. '용서하라'는 말의 좋은 뜻을 모를 이 없겠지만, 사랑이 그렇듯이 용서에 대해서도 우리는 말씀의 맹신에 빠져 삽니다. 말씀에 의지함으로써 그 허울에서 벗어나고자 하는 것인지도 모릅니다.

사랑이나 용서 같은 추상적인 덕목은 허상에 불과한 경우가 허다합니다. 설교나 설법, 혹은 표어에나 어울리는 뜬 구름 잡는 말인 것 같아 그러려니 하고 맙니다. 그 같은 언어의 타성은 무감각, 무감동으로 이어집니다. '그딴 게 나랑 무슨 관계가 있어?'라는 오불관언으로도 발전합니다. 혹은 말로써 모든 걸 덮어버리려는 맹목으로 흐르기도 합니다.

무조건적인 맹신이 앞서면 논리와 이성은 설 자리를 잃습니다. 말로써 구속하고 말로써 회피합니다. 종교 언어가 되어버린 감마저 있으니 사람들은 사랑과 용서 앞에 무기력해집니다. 학습된 무기력 learned helplessness이 아닐 수 없습니다.


## 망각뿐인 용서를 경계하라

'용서를 한다'는 말은 이래서 잘못입니다. 용서는 받아들이는 마음의 전제이지 선심 쓰듯 내주는 게 아닙니다. '용서한다'는 말 대신 '죄 또는 벌을 면해준다'라고 국한해서 말해야 옳을 것입니다. 용서라는 말의 속내에 오만이나 가식, 불순한 의도가 들어 있지 않은지 돌아봐야 합니다.

예를 하나 들겠습니다. 김대중 씨가 대통령이 된 직후 전두환, 노태우 씨를 사면했습니다. 김대중 씨 측에선 화합이라고 했지만 용서의 모양새를 취했습니다. 하지만 과연 이것을 용서라고 할 수 있을까요? 누가 그들을 용서해야 하고 누가 화합의 손을 내밀어야 했을까요? 그들로 인해 무참히 스러진 광주 망월동의 영혼들과 핍박받은 수많은 시민들일 것입니다.

그들은 말이 없지만 우리는 용서를 들먹입니다. 용서받은 자들의 행태는 또 어떤가요? 너무나 당당합니다. 용서받았다고 여기지 않기 때문입니다. 용서를 하는 자도 용서를 받는 자도 '용서'라는 단어의 허울을 이용했을 뿐입니다.

의도를 가진 용서는 용서가 될 수가 없습니다. 용서가 아니라 이해타산을 고려한 타협에 불과합니다.

'망각뿐인 용서를 경계하라.'

'용서를 위해서는 철저한 기억이 필요하다.'

차례로 리쾨르와 카뮈의 말입니다. 망각뿐인 용서나 철저한 기억이 없는 용서는 똑같은 실수로 이어지게 마련입니다. 우리의 지난 역사가 그 반증이라 하겠습니다.

허울뿐인 용서를 경계해야 하면서도 용서의 가치를 부정만 할 수는 없습니다.

무엇보다 평범한 우리들이 새겨야 할 마음가짐은 용서를 바라보는 솔직한 태도에 있습니다. 용서는 바로 나를 위해서 하는 것입니다. 그 같은 마음가짐이 용서에서 오만함과 가식을 덜어내고, 허울뿐인 용서에 나도 남도 속지 않을 수 있습니다. 이것을 인정하지 않으려면 우리는 '용서'를 하지 말아야 합니다.


## 내 탓은 아닌지 되돌아보는 마음

나이 오십에 이르기까지 서울서만 살아온 나는 지리적 변화로 삶의 방식을 전환시켜보고자 했습니다. 처음 춘천으로 이사를 했고, 그 다음은 홍천으로, 다시 대전을 거쳐 지금은 대한민국의 최남단 서귀포의 바닷가 마을에 정착했습니다.

그런데 이사를 갈 때마다 문제가 생겼습니다. 인테리어업자, 부동산 중개업자와 시비에 휘말리게 되었는데, 제주도에 와서도 비슷한 일이 벌어졌습니다.

집주인의 얄팍한 속임수 때문입니다. 이삿짐을 배에 싣고 제주에 간 날, 주인은 계약 당사자인 내게 알리지 않고 집을 담보로 거액을 대출받았습니다. 이사하기 단지 이틀 전 일입니다. 나는 협의를 통해 원만하게 해결하고자 했으나 주인은 오히려 집을 비우라는 소송을 걸어왔습니다. 법을 통한 압박인 거지요.

물론 상식적으로나 법적으로 있을 수 없는 일이었습니다만, 그는 너무나 당당했고 재판장과 조정위원으로 참여한 현지 병원장 등이 모두 편파적이라는 느낌을 지울 수가 없었습니다. 다만, 또 다른 조정위원인 어느 대학 부총장은 나를 두둔해주긴 했는데, 그마저도 좋은 게 좋다는 식입니다.

"민사소송에 휘말리면 죄를 짓지 않고도 억울한 일을 당하는 경우가 많아요."

좋은 게 항상 좋은 건가요?

설사 억울한 일을 당하더라도 바로잡고 싶었습니다. 법적으로 알아봐도 나의 승소가 확실하고 전세 계약금보다 더 받아낼 수 있다는 사실도 알았습니다. 그 와중에 알게 된 변호사들이나 지역 기자들도 이참에 혼을 내주자며 소송을 부추깁니다.

하지만 나는 결국 소송을 포기했습니다. 적당히 끝내고 싶은 마음이 드는 한편으로 부처님의 꾸짖음을 들었기 때문입니다. 매일 아침과 밤, 하루에 두 번씩 집에 모셔둔 부처님 상 앞에 무릎 꿇고 눈 감고 있을 때였습니다.(내가 불교 신자인 것은 아닙니다.)

'다 네게서 비롯된 일이다.'

나의 내면에서 문득 이 같은 목소리가 들려왔습니다. 아들 역시 비슷한 말을 합니다.

"아빠가 너무 사람을 믿기 때문이야. 상대는 그런 아빠를 우습게 보는 거구. 그러니 번번이 이런 일이 벌어지지. 법으로 이겨도 얼마나 귀찮고 짜증나는 일이냐고! 제발 사람 좀 너무 믿지 마요!"

부처님 말씀도 아들의 충고도 매사에 내가 철저하지 못해서 일어나는 일이라는 말입니다. 이러니, 집을 옮길 때마다 엇비슷한 일에 휘말리는 것이지요.

스스로에게 조금 더 철저하면 될 일을, 굳이 소송 따위로 처리하려 든다면 삭막한 세상은 더욱 피곤해질 뿐입니다.

나는 소송을 하는 대신 '내게 철저하라'는 학습 비용을 쓴 셈으로 치기로 했습니다. 이후 나는 아들이 둘이라는 그 집 주인에게 몇 줄 적어 내 책《부모로 산다는 것》한 권을 보냈습니다. 하지만 안타깝게도 답장이나 전화조차 없었습니다. 다른 사람을 통해 들리는 얘기는, 내가 소송을 걸까 노심초사하기는 했다고 합니다.

이것을 감히 용서라고는 할 수 없을 것입니다. 굳이 용서라고 한다면 '나를 위한 용서'일 뿐입니다.

그런데 나를 위한 용서는 마음이 흔들릴 여지가 많습니다.

'너도 다를 바 없네. 귀찮은 일은 내 한 몸 피하면 그만이라는 거지?'

마음속에서 딴 소리들이 자꾸 들립니다. 사람의 마음인 이상 그 같은 갈등은 어쩔 도리가 없으니 부처님과 예수 상을 끌어안고 스스로를 다독일 수밖에요……. 부처도 예수도 모두 다 내게서 비롯된 일, 내 탓이라고 일깨워주십니다. 결코 '그들을 용서하라'는 말씀은 하시지 않습니다.


마음의 평화가 없는 것은 용서가 없기 때문이고 기쁨이 없는 것은 사랑이 없기 때문이라고 누군가 말했습니다.

하지만, 용서는 극히 상대적인 개념이라서 무조건의 용서, 무분별한 용서는 오히려 더 큰 화를 부릅니다. 그 이전에 진정한 용서라면 아무런 대가도, 상대의 뉘우침마저도 내게는 요구할 권리가 없습니다. 따라서 사람의 용서는 기적에 가까운 행위라 할 수 있습니다. 그 같은 기적을 일상에서 바랄 수는 없는 노릇입니다. 우리는 온갖 모순과 부조리 속에 살게 될 테니까요. 용서라는 가치가 오용되거나 남용되어서는 안 되는 이유입니다.

용서를 국어사전에서 찾아보니 '죄나 벌을 꾸짖거나 벌하지 않고 덮어주는 것'이라고 되어 있습니다. 참으로 애매하고 막연합니다. 사전적 풀이는 악용될 우려를 먼저 떠올리게 합니다.

영어로는 어떨까 싶어 forgiveness를 찾아봤습니다. '상대에 대한 분노와 감정을 끝내는 것'이라 되어 있습니다 상대방의 뉘우침이 없는 한 체념이나 포기라는 단어가 더 적절해 보이지만, 일견 나 자신을 위해 덮어주는 것보다는 나아 보입니다. 분노의 감정은 대개 부정적인 결과를 초래하기 마련이니까요.

한편으로, 용서를 떠올리기 전에 상대의 진정성을 헤아려보는 지혜도 필요할 것입니다. 살다 보면 뜻하지 않게 오해가 쌓이는 일이 자주 있기 때문입니다. 친구 사이에서 잘못된 소문이 원인이 되는 경우도 있고, 내성적인 성격이 오해를 부를 수도 있습니다.

개와 고양이가 서로 앙숙인 것은 서로 간에 감정을 표현하는 방법이 다르기 때문입니다. 개는 기분이 좋으면 꼬리를 살랑살랑 흔들지만, 고양이는 그 반대라고 합니다. 기분이 좋을 때는 꼬리를 내리고 공격적인 성향을 띨 때는 꼬리를 세웁니다. 이처럼 상대의 호의가 적의로 비쳐지니 사이가 좋을래야 좋아질 수 없는 것이지요.

사람이야 개나 고양이의 경우보다는 낫겠습니다만, 감정 표현이 복잡한 만큼 오해를 부르는 경우가 적지 않습니다. 상대의 본심을 제멋대로 판단하고 제 멋대로 상처받습니다. 애초에 용서할 일조차 없었건만 이걸 용서해야 하나, 되갚아줘야 하나로 고민하는 게 사람의 마음입니다.

우리는 용서에 대해 좀 더 솔직해져야 합니다. 과연 내 탓은 아닌지 되돌아보는 성찰도 필요합니다. 나를 위해 하는 용서라는 솔직함이 전제되어야 용서 같지 않은 용서를 줄일 수 있을 것이고, 내 마음의 안정에도 도움이 될 것입니다.

## 행복해지기 연습

나를 위한 용서의 근간에는 자기반성이 깔려 있습니다. 하지만, 되풀이되는 자기반성과 용서는 좌절감을 축적시켜 무기력과 의욕 상실로 이어질 우려가 있습니다  이것을 '학습된 무기력'이라고 하는데, 이를 극복할 수 있는 방법은 반성을, 다시 말해 반성할 일을 줄이는 데 있습니다.

먼저 반성의 대상이 되는 일들을 돌아봅니다. 지금 계획하고 있는 목표 등에 지나친 욕심을 낸 측면은 없는가, 되짚어보는 것입니다. 나의 능력과 주변 환경을 살펴 과한 목표가 있다면 그 욕심부터 줄이는 게 좋습니다. 반성과 그런 자신에의 용서의 반복이 꿈을 좌초시킬 수 있기 때문입니다. 꿈은 크게 갖되 실현성은 수시로 가늠해봐야 합니다. 실현되어야 할 꿈이기에 현실 직시가 반드시 요구됩니다. 꿈은 현실이라는 계단이 쌓여서 만들어진 첨탑의 꼭대기에 있습니다. 한 걸음 한 걸음 꾸준히 내딛는 게 최고의 비결입니다. 모든 걸 한꺼번에 감내하려 하지 말고 각각의 단계를 나누어 하나하나 정복하는 것입니다.

# 나는 내 인생의 주인이다

· 삶을 이끌어가려는 마음 ·

나는 살고 있는가?

나는 의식하는가?

나는 의식하며 살고 있는가?

채 백 년을 못 사는 삶에서, 내 자신의 것은 얼마나 되며 내 자신에게 어느 정도의 시간을 할애하고 있는지 자문해볼 때가 있습니다. 여기서 '내 자신의 것'이라 함은 이기주의가 아닙니다. 오히려 그 반대입니다. 내 자신의 것에 대한 물음은 스스로에게 얼마나 충실한가, 라는 전제에서 출발하기 때문입니다.

## 내 자신의 것에 충실한 삶은 아름답다

'어떻게 살 것인가' 하는 문제는 지혜에서 그 실마리를 찾아야 합니다. 지혜를 갈망하는 사람들은 비단 철학자뿐만이 아닐 것입니다.

국어사전에서 지혜는 '슬기'를 찾아보라는 듯 달랑 이 한 단어로만 설명하고 있습니다. 그래서 슬기를 찾아보니 '사리를 밝히고 잘 처리해가는 능력'으로 끝입니다. 지나칠 정도로 간단명료합니다. 지혜란 말이 더욱 애매해지고 궁금해집니다. 이런 이유로 많은 철학자들이 수천 년 동안 그 해답을 찾고자 무던히도 애썼나 봅니다.

영어사전에는 wisdom, brains, sense, intelligence 등 국어사전보다는 여러 갈래로 설명합니다. 옛날 서양에선 지혜를 sapiens라고 했답니다. '맛보다'라는 뜻의 라틴어 sapio에서 비롯되었다고 합니다. 맛보는 것이 지혜라니, 새롭기도 하고 참으로 멋집니다.

한편으로 현재의 인류를 가리키는 호모 사피엔스homo sapience는 '생각하는 동물, 지성인'을 뜻합니다. 그런데 영어사전에서 sapience를 찾으니 '아는 체함, 아는 체하는 태도, 지혜'라고 돼있습니다. 그 옛날부터 아는 체하며 맛보기 철학을 주장하는 궤변 철학자들이 하도 많아서였을까요. 사피엔스, 즉 생각하는 행위는 조롱조의 풍자어로 둔갑된 듯합니다.

요컨대, 삶의 순간순간을 맛보는 게 지혜이고 그 참 맛을 깨닫는 게 '어떻게 살 것인가'에 대한 답이 될 것입니다.

그리고 이 맛은 무조건 나의 것이어야 합니다. 아무리 훌륭한 맛이라고 한들 내가 맛볼 수 없다면 무슨 가치가 있을까요? 삶의 매 순간에서 나만의 맛을 느끼고 또 의식할 수 있어야 하는데, 내 자신의 것을 많이 품을수록 그 맛 또한 더욱 다채로워질 것입니다.

내 자신의 것을 품고 사는 일은 성공 지향과는 다릅니다. 내 자신의 것에는 주인 의식이 담겨 있지만 성공 지향은 타인 의식이 강합니다. 삶을 자신에게 맞춰 가느냐, 아니면 타인과의 비교에 나를 맞추느냐의 차이는 지향코자 하는 삶의 방향부터가 전혀 다릅니다. 하지만, 세상에는 '그가 이렇게 했으니 너도 이렇게 하라'는 류의 가르침들이 차고 넘칩니다. 삶은 분명 과정이건만 결과만 바라보고 결과로만 측정하려 듭니다. 현혹이 아닐 수 없습니다. 나는 이것을 '성공의 함정'이라고 말하고 싶습니다.

훗날 큰 성공, 혹은 돈으로 지금의 모든 것을 보상받을 수 있다는 생각은 착각입니다. 지금 이 순간의 행복을 돈이나 성공이 대신할 수는 없습니다. 행복과 성공의 문제는 전혀 별개입니다. 지금 행복을 찾으려고 노력하지 않는 사람은 아무리 시간이 남아돌고 금전적인 여유가 생겨도 행복과는 거리가 먼 삶을 살게 됩니다.

제 주위의, 소위 잘나간다는 사람들이 모두 그러했습니다. 그들은 성공을 위해서는 행복을 포기하거나 뒤로 미뤄야 하는 것으로 여겼던 듯합니다. 하지만 행복을 마냥 뒤로 미루다보면 행복을 찾아야 하는 이유조차 사라져버리고 맙니다. 삶에 쫓겨 사는 가운데 돈의 많고 적음이나 성공 여부만이 행복의 척도로까지 보이는 것입니다. 참 불행한 삶이라 하지 않을 수 없습니다.

성공의 여부는 남이 그렇게 봐줄 뿐인 것으로 상대적이며 집단적인 견해입니다. 성공에 집착하는 가운데 내 자신의 진정한 삶은 조금씩 죽어갑니다.

반면에 스스로를 신뢰하고 내 자신의 것에 충실한 삶은 성공에 관계없이 아름답습니다.

우리는 모차르트나 베토벤 등 유명 작곡가와 그들의 곡을 즐깁니다. 한편으로 그런 작곡을 가능하게 했던 악보의 오선지는 누가 만들었는지에 대해 관심을 두지 않습니다. 중세 유럽 수도원의 수도사들이 지금의 도레미파솔라시도, 라는 음계와 함께 모든 사람들이 알아볼 수 있는 공통의 기호를 찾기 시작했습니다. 그것이 오선지였고 악보가 되었습니다.

하지만 우리는 오선지를 발명한 수도사들을 기억하지 않습니다. 그렇다고 해서 수도사의 삶이 가치가 없다거나, 큰 업적을 남기고도 이름조차 알려지지 않았으니 불행한 삶을 살았다고 해야 할까요?

그들은 단지 유명하지 않았을 뿐입니다. 아니, 유명하지 않았기에 더 행복했을 수도 있습니다.

## 조금씩 나아지려는 마음의 중요성

오래전 비전향 장기수 두 분이 그들이 원하는 바대로 북한으로 돌아가게 되었을 무렵, 지인이 이분들을 자기 집에 모시는 저녁식사 자리를 마련했을 때였습니다.

평생을 남한의 감옥에서 갇혀 산 70대 노인의 순한 얼굴을 보니 가슴이 미어졌고 눈물이 나올 것만 같았습니다. 이념의 대립과 분단의 비극이 감옥에서 세어버린 백발에 얹혀 있었습니다. 환송하는 자리에는 스무 명 정도의 지인들도 함께 있었는데, 나는 두 분께 내 책을 선물로 드렸습니다. 남한 사회, 특히 언론을 비판한 책입니다. 두 분은 책을 잠깐 들춰보더니 나를 계속 주시합니다. 환송의 자리는 두 분의 평생 소신에 대한 존경의 말들로 무성했습니다.

하지만 연이은 나의 제안이 화기애애한 분위기에 찬물을 끼얹은 꼴이 되고 말았습니다.

"얼마나 좋습니까. 30여 년 남한의 감옥에서 고생하셨지만, 한편으로 남한 땅에는 이런 자리도 있다는 점을 꼭 기억해주시면 감사하겠습니다. 그래서입니다만, 여기 모인 사람들이 두 분을 위해 감사의 말 한마디씩 선물로 드리는 건 어떨까요? 말은 한번 뱉으면 흩어져 날아가고 말 테니, 각자 하고 싶은 말을 써서 두 분의 귀향 선물로 드리는 겁니다. 쉬이 통일이 될 것 같지 않으니 한동안 남북으로 떨어져 있게 될 터인데 이런 화합의 자리를 오래오래 기억하고 계시면 좋을 것 같아서입니다."

예상과는 달리 허튼 소리, 쓸데없는 소리로 쓰레기 취급을 받고 말았습니다. 옆에 앉아 있던, 당시 주류 언론에 대한 비판과 사회정치 비판의 글로 유명세를 타고 있던 후배가 내 옆구리를 쿡 칩니다.

"선배는 이런 자리에서 기분 깨는 쓸데없는 소릴 하나?"

동석한 다른 사람들도 마찬가지 눈치였고 비전향 장기수 두 분의 눈은 휘둥그레지며 내게 눈총을 쏘고 있었습니다.

이 글을 쓰는데 화가 피카소가 떠오릅니다.

그는 다른 전향자들과는 달리 끝까지 공산당원으로 남았습니다. 이후 스탈린이 죽자 프랑스 공산당으로부터 스탈린의 초상화를 의뢰받았을 때였습니다. 공산주의를 변질시켜버린 스탈린을 곱지 않게 본 피카소가 흉측한 괴물을 연상케 하는 초상화를 그려 보내자, 프랑스 공산당은 피카소를 맹비난했습니다.

그는 쿠바의 독립 투쟁을 지지했고 소련의 부다페스트 무력 침공에 대해서는 비판했습니다. 비록 정치적 신념을 함께하는 당과 뜻을 달리 할지라도 옳고 그름에 대한 자신의 주관을 끝내 지켜낸 것이지요. 그에게 프랑스 공산당과의 껄끄러워진 관계에 대해 한 기자가 묻자, "당과 나의 문제일 뿐이네!"라고 말했듯이 피카소는 공산주의 그리고 젊은이들에 대한 희망을 죽을 때까지 버리지 않았습니다.

비전향 장기수 분들이 일평생 신념을 지켜온 자세는 높이 평가해야겠지만, 그들 또한 이분화의 함정에 빠져 무언가 소중한 가치를 놓쳐버린 건 아닐까요?

'도 아니면 모'만을 강조한다면 삶의 지향점 또한 헷갈릴 수밖에 없습니다. 오로지 성공 아니면 실패의 삶만 보이기 때문입니다. 사람은 본디 선악의 중간지점 어디쯤에 살고 있습니다. 조금 더 선해지고 조금 덜 악해지려는 게 대다수 사람들의 본성에 가까울 것입니다. 극단으로 치닫는 것은 애당초 우리 본성에도 맞지 않습니다.

지금 이 순간을 내 것으로 소중히 여기는 한편으로, 일관성 있게 조금씩 나아지려는 마음을 갖는 게 중요합니다. 이것이 곧 내 자신에게 충실한 삶이라 할 수 있습니다.

제주도의 작은 마을, 조수리의 한 교회 목사님으로부터 들은 이야기입니다. 연세대학교를 처음 세운 언더우드 박사의 후손들이, 백년이 훨씬 더 지나 우리나라 최대의 사학으로 성장해 있는 지금에도 헌금을 보내온다는 것이었습니다. 7들의 변함없는 온정과 더불어 외적인 환경에 흔들리지 않는 한결같은 자세를 부러워하며 들어야 했습니다. 언더우드의 대학 설립보다도 어쩌면 더 소중한 '일관성'의 가르침과 가치를 배웁니다.

비전향 장기수의 환송회 일을 대학 선배인 어느 국회의원에게 얘기했더니 그가 이렇게 말합니다.

"넌 모두 부정만 하니 도대체 네 앞에 누구 하나 온전한 사람이 있겠냐?"

비난합니다. 하지만 스스로를 신뢰하고 자신의 삶에 충실한 사람 앞에서 나는 껄떡 죽습니다.

이를 테면 새벽시장의 가게 문을 열고 계신 평생 그래왔을 어르신네, 비가 오나 눈이 오나 상냥한 인사로 우편물을 건네는 젊은 우체부 아저씨, 돈에 자신을 팔지 않고 위험을 무릅쓰며 현장을 지키는 개인

프리랜서 기자들……. 저마다의 자리에서 자기 인생의 참 주인으로 살아가는 그들을 보노라면, 나를 버리고 허영을 좇으며 살아온 지난 날들이 너무나 부끄럽습니다. 비록 유명하지 않더라도 자기 일에 당당하고 성실한 그들의 삶이 나를 더 내 인생의 주인으로 살라고 가르칩니다.

## 행복해지기 연습

성공의 함정에 빠져 있는 것은 아닌지 나를 돌아봅니다. 성공이란 목표에만 온 정신을 빼앗겨 삶의 귀중한 시간을 만끽하지 못하는 것은 아닌가 하고요. 노력하지 말라는 말이 절대 아닙니다.

너무나 집요하여 한 곳, 하나만 아는 벌레가 되어서는 안 될 것입니다. 유리창에 제 몸을 부딪쳐 죽는 벌레의 행동은 빛을 쫓는 본능에서라지만, 사람이 그러면 어리석음이 됩니다.

소위 성공의 모델인 의사나 변호사, 판검사, 회계사 같은 전문 직업인들이 부러울 것 하나 없습니다. 번지르르한 허울일수록 그것이 족쇄인 줄 알아차리기 힘든 법입니다. 실제로 전문직 종사자일수록 정신 질환이 더 많다는 조사 결과도 있습니다.

지금 이 순간을 어떻게 보내면 좋을지 감이 오지 않는다면 영화 같은 데에서 힌트를 찾아보시기 바랍니다. 일상의 소소한 행복을 그린 좋은 영화들이 참 많습니다. 마음을 열면 평소에 그냥 지나쳤던 돌 하나, 나무 한 그루에서도 행복을 엿볼 수 있습니다. 행복해지는 데에도 연습이 필요합니다.

# 자신에게 당당한 삶은 지지 않는다

· 스스로에게 당당해지려는 마음 ·

《순자》수신修身 편에는 이런 구절이 나옵니다.

잘못을 짚어주는 이는 나의 스승이고,

옳은 일을 칭찬하는 이는 나의 친구이며,

나에게 아첨하는 자는 나의 적이다.

이 교훈은 절대적으로 맞지만 상대적으로 어긋납니다. 현실에서는 반대로 해석하는 경우가 다반사이니까요.

잘못을 짚어주는 이를 달갑게 받아들이며 더욱이 스승으로 여기기란 쉽지 않습니다. 옳은 일을 칭찬해주는 친구 역시 꼭 토를 답니다. "그게 맞기는 한데 견딜 수 있겠어?", "오히려 불편한 일만 생길 텐데." 이 정도의 토는 사려 깊은 배려에 속합니다.

"그런다고 세상이 바뀌는 건 아냐."

물론 아끼는 마음에 해주는 말이겠지요. 하지만 칭찬이 아니라 핀잔으로 들릴 때가 적지 않습니다. 반면에, 당장 듣기에 좋은 말은 아첨으로 받아들이지 않습니다. 따라서 그들을 결코 적으로 보지도 않습니다.

이래서 이천년이 지난 지금도, 앞으로 또 이천년 후에도 이런 류의 가르침은 훈장님 말씀으로만 존재하게 될 것입니다. 비록 현실에는 어긋나더라도 진리이자 진실인 것만은 틀림없는 사실이기 때문입니다. 이를 테면 '불편한 진실'이라 하겠습니다.

## 내 스스로 성취의 기준을 만든다

루소도 그의 《사회계약론》에서 '도대체 왜 이러는 것인가?' 하며 불편한 진실을 털어놓습니다.

> 인간은 자유롭게 태어났지만, 언제 어디서나 사슬에 묶여 있다. 소위 야만인이 자기 안에 사는 데 비해, 사회적인 인간인 현대 문명인은 자신 밖에서, 즉 타인의식 안에서만 산다. 그래서 그는 자신과 관련된 타인의 판단에서만 자신이 존재한다고 믿게끔 된다.

순자가 언급한 스승이나 친구, 적이 모두 타인의식에 의해 결정되다 보니 정작 자기의 존재는 상실되고 맙니다. 결국 불편한 진실이 대개 그렇듯이 오히려 진실이 불편하게 느껴집니다. 동시에, 스승도 친구도 때로는 적도 그 위치를 바꿔 앉게 됩니다. 쓴 소리 하는 스승 앞에서 무례해지고, 격려하는 친구와 싸움질이 끊이질 않고, 아첨하는 적과는 술잔을 기울이며 희희낙락합니다.

적과의 술자리는 그 순간뿐임을 우리는 술잔을 놓고 돌아선 후에

허망함으로 느낍니다. 그러면서도 번번이 술기운에 의지하려는 연약한 모습을 보이고야 맙니다. 이를 테면 술자리의 악순환이지요. 순간의 안위는 필요하겠지만, 이를 술이 아닌 다른 데에서 찾을 생각을 하지 않습니다.

최근의 일입니다. 제주도에 내려와 산 지 20년이나 된 목수 부부가 제주도를 떠나겠다고 합니다. 예순이 넘어 또다시 바다를 건너 새 삶터를 찾아가겠다는 말에 제주 3년차에 불과한 나는 귀가 솔깃해졌습니다. 함께 막걸리를 마시면서 그 이유를 물어보았더니, 결국 사람 때문이었습니다.

"이제껏 조용히 나무만 다루며 살아왔는데 최근 벌려놓은 일이 화근이 되었으니 다 나 때문이지."

목수라지만 그는 목공예가이기도 합니다. 혼자만의 기술로 묻힐 게 아쉬워 제자들을 받아들였다고 합니다.

"20대 후반 우연히 퇴계 이황 선생님이 쓰던 서안을 보고 그것을 재현해보고 싶었네. 서안이란 앉은뱅이책상 같은 건데 거기에 거북이 등이 새겨져 있었기 때문이야. 배우려고 백방으로 알아봤지만 서각을 가르쳐줄 만한 사람이 없었어. 그래서 조각할 칼을 마련하는 것부터 모든 작업을 혼자 배워야 했네. 이제 어렵게 독학한 서각을 전수하고 싶어 제자들을 받았는데, 이놈들은 하나같이 손쉽고 당장 돈 되는 일만 하려 해. 상품을 만들려고만 하지. 제자라지만 의지가 없는데 내가 어떻게 그들을 바꾸겠나. 이 작업장은 사람들이 드나들면서 유명해졌지만 애당초 내가 바랐던 것은 이름이 알려지는 게 아니었네. 게다가 말들도 함부로 지어내니……. 다 내 탓이라 여길 생각이네. 환갑을 넘어서나마 깨달았으니 그게 고마울밖에……."

한편으로, 그는 공부는 제쳐놓고 요령만 배우려고 하는 젊은이들에 대해서도 꾸짖습니다.

"요즘 '하고 싶은 일을 하라'는 게 대단한 화두가 되어 있더구만. 그거 다 거짓을 가르치는 거 아닌가? 제 하고 싶은 일을 찾았다고 해서 그게 끝은 아니지 않은가? 나도 20대 후반에 이 일에 뛰어들었지만 그간 얼마나 내 자신에게 철저했고 일에 집중했는지 아나? 그건 내 젊음을 모두 바친 투자였네. 올인했다는 거지. 여기도 목공을 배우겠다며 찾아오는 사람들이 많은데 정성과 노력을 쏟기보다는 쉽고 편하게 빨리 배우려고만 한다네. 공부할 게 정말 많은데 노력할 생각은 않고 요령만 배우려고 하니……. 그러면서 자신은 하고 싶은 일을 한다고 말하지."

이 노부부는 제주도에 처음 온 20년 전 초심으로 되돌아가 육지의 깊은 산 속으로 거처를 옮기기로 결정했습니다. 그곳의 삶에 거는 기대가 크다고 했습니다.

깊이 있게 배우려 하지 않는다는 것은 새겨듣지 않는 것과 같습니다. 소통 부재의 세상은 듣는 것, 즉 배움을 기피하는 세상이기도 합니다. '남보다 더 많이, 더 빨리'에만 혈안이 되어 있을 뿐 정작 자기 자신을 성취의 기준으로 삼지 않습니다. 경쟁의 승자는 극히 적은 수에 불과하므로 경쟁에서 탈락한 대다수들은 소외자가 되고 맙니다. 이 같은 구조에서 상당수 사람들은 유예 소외자, 잠재 소외자일 수밖에 없습니다. 성공했다고 하는 사람 역시 크게 다르지 않습니다. 영원한 승자는 없기 때문입니다.

'귀감'이란 말은 거울로 삼아 본보기가 될 만한 대상을 뜻합니다. 이것을 경쟁 용어인 성공으로 가늠하려 든다면 우리 삶은 언제나 소외자로만 존재할 뿐입니다. 자기의지를 통해 내 스스로 성취의 기준을 만들어야 합니다.

이황 선생의 서안이 동기가 된 이래 30년 넘게 흔들림 없이 자기 일을 해올 수 있었던 힘의 원천은 다름 아닌 목수의 자기의지였습니다. 자기의지가 귀감을 통해 발현된 것이지요. 그가 '내 탓'이라고 한 말에서도 주저하지 않는 당당한 내공이 보입니다. 경쟁의 잣대로 그를 보면 실패자라고 할지 모르겠으나 그는 결코 지지 않았습니다. 스스로에게 당당한 삶을 살고 있기 때문입니다.


## '당당한 내 탓'은 흔들리지 않는다

제주도로 건너온 이듬해쯤, 서울을 벗어나 살아보자던 내 자신의 결정에 대해 깊은 상실감과 회의감에 빠져 들었습니다. 서울을 떠나 5년가량 지났을 무렵입니다. 자연은 언제나 한결같았지만 어디를 가든 사람으로 인해 마음의 상처를 입습니다. 복잡함, 번잡함의 정도만 다를 뿐입니다.

'그냥 살던 대로 살 것을…….'

마음 한구석에서 후회가 고개를 내밉니다. 편한 이대로 살아도 좋을 나이에, 살던 대로 살다보면 하고 싶은 일을 못할 것 같아 떠났던 것이었습니다. 지난날의 이력이 새로운 삶에 방해가 될까 싶어 우선 살던 곳을 바꿔보자는 생각이었지요. 나의 마음이 조금이나마 자연을 닮기를 바라면서 말입니다.

그 방편으로 나는 내 안의 가식을 먼저 덜어내고자 했습니다. 하지만 주위 사람들의 시선은 달랐습니다.

"저 사람 기자 했다는데 그거 맞아?"

추레한 옷차림에 말과 행동 또한 야무지고 옹골차 보이지 않았나 봅니다. 개중에는 '신문사를 박차고 나왔다는 사람이 어째 저 모양이지?'라는 비아냥거림도 있었다는 말조차 풍문에 들려옵니다.

이후 동네에서 처음과는 전혀 다른 대접을 받게 되었습니다. 나를 가르치고 싶어 안달이 난 게 눈에 보입니다. 정치든, 경제든, 언론이든 때로는 사진 같은 예술 분야까지도 말을 아끼는 법이 없습니다. '불편한 진실'도 못 되는 '만족스런 거짓'을 나는 내내 들어줘야 했습니다.

이는 대학교 강단에서도 마찬가지였습니다. 다수의 주장이 진리라고 믿는 제자들의 몰이해를 깨뜨리기란 여간 어렵지 않았습니다.

이른바 '환각 지식인'입니다. 이 말은 신문이나 방송에서 읽고 들은 것을 올바른 정보나 지식인 양 무조건 받아들이고 그런 자신을 지식인으로 믿는 미디어 시대의 현대인을 일컫습니다. 경제학자 폴 크루그먼이 지적한 '지적 야만인'은 거짓을 진실처럼 말하며 대중과 정치인들을 호도하는 지식인을 경계한 말이지만, 거짓과 진실을 구분조차 못 하는 환각 지식인이 우리 사회에는 너무나 많다는 사실을 절감합니다. 이들은 하고 싶은 말에는 거리낌이 없되 두 귀는 모두 막고 있습니다. 시골 사람이라 더 선할 거라는 생각도 착각이라는 걸 알게 되었습니다.

미디어에 의한 환각은 자기의식을 배제시키므로 세뇌에 가깝습니다. 내 자신이 없는 셈이니 온전한 자기 목소리도 없거니와 자기주장이라는 믿음이 소통을 아예 불가능하게 만듭니다.

'나는 실재하는가?'

내 존재를 확인하는 자기의식이 절대 필요합니다. 자기의식이 있고 난 다음에야 타인의식이 가능하며 비로소 나의 변화도 가능해집니다.

한편으로, 자기의식은 교만과 외곬으로 흐를 우려가 있습니다. 내 안에 갇혀 주위를 돌아보지 못하는 꼴이지요. 당연히 매사를 남의 탓으로 돌리기 일쑤입니다. 서울을 떠나온 이래 번거로운 일들을 겪으며 나 역시 남의 탓으로 돌릴 때가 적지 않았습니다.

'왜 내게는 항상 궂은 일이 끊이지 않을까…….'

이 같은 고민은 결국 자기 본위의 이기심이 화를 자초한 것이었음을 '내 탓'에서 배웁니다. 내 탓이라고 인정하고 당당하게 받아들이는 순간 개선의 여지도 생기는 법입니다.

사람은 누구나 혼자입니다. 부모도 가족도 친구도 내 삶을 대신할 수 없습니다. 내가 힘겨울 때 힘이 되어주는 멘토 역시 허망하기는 마찬가지입니다. 내가 꿋꿋하게 서지 못하는 한 멘토는 자기변호의 허깨비를 안고 사는 것과 다를 바 없습니다.

내 안에서 답을 찾아야 합니다. '당당한 내 탓'이 그중 하나입니다. 타인 의지의 멘토가 아닌 자기의지로서의 멘토, '당당한 내 탓'은 어떤 경쟁에도 흔들리지 않게 하는 힘을 지니고 있습니다. 그 안에는 내 잘못을 바르게 이끌어주는 스승이 있고, 옳은 일에 진심으로 격려해주는 친구가 있고, 나를 편한 쪽으로만 유혹하려는 내 안의 적을 깨닫게 해주는 삶에의 굳은 의지가 있습니다.

'당당한 내 탓', 멘토의 시작입니다.

## 홀로 서지 못하는 한 행복은 없다

집에 텔레비전을 없앤 지 20년 가까이 됩니다만, 〈무한도전〉이니 〈1박2일〉 같은 세간의 떠들썩한 프로그램들을 이따금 찾아서 보곤 합니다. 그런데 이들 방송을 보노라면 떠오르는 말이 있습니다.

'서구의 텔레비전은 문 밑으로 스며드는 하수구와 같다.'

노벨 문학상을 수상한 러시아 작가 솔제니친의 말입니다. 그는 옛 소련의 인권 탄압을 기록한 《수용소 군도》로 인해 반역죄로 추방되어 20년 동안 망명 생활을 하며 '러시아의 양심'으로 불리기도 했습니다.

그의 말에 공감하며, 절감하며, 통감합니다. 모든 프로그램이 다 그런 건 아니겠지만, 이윤 추구가 목적인 기업들처럼 오늘날 미디어의 지상 목표는 시청률이라는 사실의 이면을 돌아봐야 합니다. 나의 소중한 시간을 빼앗는 대가로 그들은 살아갑니다. 열심히 봐줘야만 광고가 붙고 천정부지의 연예인 몸값 또한 시청률에서 나옵니다. 소비자인 시청자가 이 비용을 몽땅 지불하는 꼴이지요.

TV를 보면서 내가 그만큼 즐거움을 누리니 무슨 문제냐고요? 그게 온전한 즐거움인지 여부는 차치하더라도 대다수 상업 프로그램의 속성은 현혹에 가깝습니다. 시청률에서 자유로울 수 없는 미디어 회사들은 소비자의 입맛을 맞춰야 하는 인스턴트식품이 될 수밖에 없습니다. 자극적인 조미료나 향료를 듬뿍 뿌려야 하고, 시청을 오래 끌어야 하니 방부제도 필수첨가물로 들어갑니다.

인스턴트식품이 우리 몸을 해치듯이 상업 방송은 결국 우리의 정신을 좀먹습니다. 내게는 그 정도의 분별력은 있으니 휘둘리지 않을 거라 자만해서는 안 됩니다. 이는 휴대폰을 몸에 지니고 있지 않으면 불안을 느끼는 것과 마찬가지로 중독의 문제입니다. 솔제니친이 최근의 우리 방송을 본다면 '한국의 텔레비전은 어떤 두꺼운 방벽도 뚫고 들어오는 방사능과 같다. 한국 가정은 핵이 누출되고 있는 파괴된 핵발전소를 껴안고 산다'라고 할지도 모르겠습니다.

TV의 가장 심각한 폐해는 안일무사와 획일로 몰아가는 우매화이자 무감각화입니다. 하지만 TV, 엄밀히 말해 방송 제작자들은 이를 느끼지 못하게끔 포장하고 착시 현상을 일으키는 갖가지 장치를 심어놓습니다. 그러니 TV 앞에서 내가 바보가 되기보다는 똑똑해지는 것 같은 착각조차 듭니다.

> 오늘날 기업들은 점점 '차별화의 대가'가 아니라 '모방의 대가'가 되어가고 있다. 더욱더 비관적인 것은, 자신들이 지금 만들어내고 있는 미묘한 차이들을 지나치게 과대평가한 나머지, 끊임없이 차별화를 추구하고 있다는 착각에 빠져 있다는 사실이다.

하버드대학 경영대학원 문영미 교수가 《디퍼런트》에서 한 말입니다. 그는 이것을 '차별화의 함정'이라고 명명했더군요. 엄연히 모방임에도 불구하고 모방은 감추고 차별을 앞세워 소비자를 현혹한다는 얘기입니다.

미디어의 속내를 들여다보자면 더욱 가관입니다. '차별화의 함정'을 통해 소비자인 시청자를 속이고 정신까지 앗아가는 데 거리낌이 없습니다. 소비자는 미디어의 그릇되고 편향된 정보 전달과 반복적인 광고에 의해 그것이 차별인 줄만 압니다. 내가 좋아하는 유명 연예인이 나와서 그렇다고 하는데, 믿음이 갈 수밖에요. 인기몰이 또한 그중 한 방법입니다.

그런데, 그 같은 인기몰이는 비단 연예인에 국한되지 않습니다. 대중적인 인기를 얻은 사람에게 차별화의 허울을 씌워 이내 '상품'으로 내놓습니다. 여기에 대중들은 또다시 착시를 일으킵니다. 미디어의 상술에 무감각해진 우리의 의식은 본질을 꿰뚫어보려는 의지조차 갖지 않습니다.

요즘 한창 인기 있는 〈청춘 콘서트〉의 멘토라는 인물들조차 그들의 기회주의적 속성, 혹은 권력의지와 상업성이 맞물려 있음을 나는 의심하지 않을 수 없습니다. 그들의 말에는 대개 주어가 없습니다. 비판은 하지만 모두 싸잡아서 할 뿐, 비판의 구체적 실체가 없습니다. 개그 프로그램의 대사와 같은 것이지요. 개그의 목적은 웃는 것이니 웃어주면 그만이지만 사회 영향력을 지닌 인사들의 주어 없는 대사라면 웃고 넘기기에는 너무 서글픕니다.

그처럼 아닌 것을 아닌 줄 모르는 요즘 세상은 미디어에 그 첫 번째 책임을 물어야 할 것입니다. 그들은 자신들의 이해관계가 걸린 사안에 대해 결코 진실을 말하려고 하지 않습니다. 아울러, 내 생각과 감정, 의지마저도 쉬이 휩쓸리고 마는 대중 또한 그 책임에서 자유롭지 못할 것입니다. 내 스스로 당당하지 못하므로 주어지는 대로 받아들이고 끄는 대로 끌려가는 것입니다. 곁에서 누군가 봐주고 이끌어주지 않으면 불안한 마음마저 들 것이니, 내가 홀로 서지 못하는 한 나의 행복은 있을 수 없습니다. 동참으로 위안을 받는 한 우리는 더 중요한 자기 자신의 의지에 대해서는 방관자가 됩니다. 내가 나를 방관한다? 한 번쯤 곱씹어봐야 할 것입니다.

# 조금 더 행복해지기 연습

행복은 멀리에 있지 않습니다. 행복을 찾는답시고 스스로를 채찍질할 필요도 없습니다. 먼저 생활 속의 작은 행복을 깨닫는 게 중요합니다. 하루 중 행복했던 일을 떠올려보기 바랍니다. 하나도 없다고요?

그럼 아침저녁으로 하루를 시작하고 끝내기 전에 '감사합니다'라고 말해봅니다. 내게 하는 인사말 '감사합니다'는 특별한 성취 뒤에 나오는 말이 아닙니다. 내 자신의 소중함을 깨닫게 될 때 절로 나오는 말이 '감사합니다'입니다. '감사합니다'가 많아지면 행복은 저절로 그 모습을 드러냅니다.

"나만큼 행복한 사람 있으면 나와 보라고 해!"

이 말을 내 입으로, 내 가슴으로 해본 적 있나요? 안정된 직장에서 돈 잘 벌 때에는 한 번도 해보지 못한 말을 이따금 하게 됩니다. 마음속에 억지로 심어 넣는 자기암시가 아닙니다. 타인의식을 덜어내고 자기의식에 충실할 때 스스로에게 하는 인사말입니다. 남들에게 보여주기 위한 삶이 아니라, 내 꿈을 갖고 내 분수에 맞게 오늘 하루 조금이라도 그 꿈에 다가갔다고 느껴질 때 터져 나오는 행복한 외침입니다.

# 내 지난날은 오늘을 알고 있다

· 만족할 줄 아는 마음 ·

'적어도 7명의 하버드 출신을 고용할 수 있다.'

프로복싱 헤비급 세계 챔피언이었던 무함마드 알리가 하버드 대학 특별 강의에서 한 말이라고 합니다. 그는 '나비같이 날아 벌처럼 쏜다'라는 헤비급 선수답지 않은 경쾌한 말도 남겼지요. 명문 하버드 대학을 나오지 않았지만 이 대학교 출신의 최고 엘리트들을 자기의 아랫사람으로 쓸 수 있을 만큼 성공했다는 자랑이 섞인 말입니다. 한편으로는, 하버드를 나오지 않아도 성공할 수 있는 길은 많다는 의미로 해석할 수도 있습니다.

"서울대 입학을 목표로 했던 학생들 숫자가 졸업생보다 훨씬 더 많다는 걸 너희들은 알아야 한다."

서울대에 가고 싶어도 못 들어간 수많은 사람들이 있다는 사실을 군이 알려주기 위해, 오래전 나를 인터뷰하러 온 서울대생들에게 한 말입니다. 한국인이면 누구나 한번쯤 꿈꿔봤을 대학에 다니고 있는 것을 자랑으로만 삼을 게 아니라 사명감과 책임, 때로는 부끄러움도 느껴야 한다는 말이기도 했습니다.

알리나 나나 이루지 못한 일에 대한 부러움이나 최고에 대한 거부감에서 비롯된 치기로 한 말일 수도 있습니다. 언론 관련 강의의 과제인 임의 인터뷰에 자발적으로 나를 선정해서 찾아준 서울대생들로 내심 우쭐했을지도 모릅니다. 잠시잠깐 못 이룬 과거의 꿈이 해소되는 듯한 착각을 했을지도 모릅니다. 이래서였을까. 그들이 가고 난 뒤 묘한 기분이 들었고 솔직히 쾌감 비슷한 감정도 들었습니다. 그리고 잠깐 웃었습니다…….

들기 불편하고 불쾌할 정도로 한심하기 그지없지요?

과거의 지나친 집착 경험이 현재에도 남아 있는 것입니다. 기자 생활을 하며 그 학교 출신의 한심하고 터무니없는 인간들을 너무도 많이 봐온 저로서는, 지금은 오히려 서울대 출신이 아닌 걸 다행이라고 여기면서도 사람의 마음이란 게 어쩔 수 없는가 봅니다.

## 만족은 자기와의 타협이자 조율이다

과유불급過猶不及이란 말이 있습니다. '정도를 지나치면 미치지 못함과 같다'는 뜻입니다. '불행은 결핍에서가 아니라 풍요에서 비롯된다'라고 한 영국의 철학자 버트런드 러셀의 말도 비슷한 취지일 것입니다. 이처럼 집착이 지나치면 결코 좋을 게 없습니다.

하지만 집착하지 않으면 무언가를 이룰 수도 없습니다. 불광불급不狂不及, 미치지 않으면 미칠 수 없다는 뜻이지요. 미쳐야狂 한다는 말은 '집착하라'는 말과 같습니다.

그렇다면 과유불급과 불광불급, 어느 쪽을 따라야 할까요?

그 이전에 괴롭다가도 어느 순간 즐거운 마음이 들고 하루 종일 슬프다가도 다음 날 아침에 일어났더니 기쁜 마음이 드는 건 어째서일까요? 이 같은 감정의 순환 반복은 인간의 본성이라는 데 해답의 실마리가 있습니다.

포이에르바하에 의하면, 인간에게는 세 가지 특성이 있다고 합니다. 첫째 인간은 알 수 있고, 둘째 인간은 사랑할 수 있으며, 셋째 인간은 스스로 판단해 하고자 하는 행동의지를 지녔다고 합니다. 사람은 살아가는 동안 이의 한계와 극복을 반복적으로 경험합니다. 앎의 한계와 이의 극복, 사랑의 한계와 이의 극복, 행동의지의 한계와 이의 극복이 계속된다는 거지요. 그는 인간의 한계 때문에 생겨난 소망들을 투사한 응집체가 신이라고까지 설명합니다. 투사 이론입니다.

한편으로 독일의 대문호 괴테는 《파우스트》에서 파우스트 박사의 입을 통해 이런 말을 들려줍니다.

대단한 노력을 하고 수많은 학문을 했으나 그런데도 이 꼴이다. 가엾다. 나라고 하는 이 바보야말로 과거보다 조금도 영리해진 게 없다.

어쩌면 모든 걸 이룰 것 같은 재능을 지닌 사람에게도 이 같은 좌절은 찾아오는 법입니다. 보통 사람이든 타고난 천재든 마찬가지입니다. '10억만 있으면 정말 행복할 거야'라고 생각하는 사람에게 10억을 안겨준들 그의 모든 불행이 끝날 리는 없습니다.

그런 한편으로 사람은 만족이란 발명품도 창조해냈습니다. 비록 넘쳐흐르지는 않지만 현재 가진 것에 만족함으로써 얻게 되는 즐거움과 기쁨을 인간은 알게 된 것입니다. 만족은 자기와의 타협이며 또 조율입니다. 타인의 만족이 나의 만족은 될 수 없으며 나의 만족으로 타인의 만족을 강요할 수도 없습니다.

요컨대, 감정과 의지의 순환 반복에서 마음의 평안을 잃지 않고 진취적인 삶을 살아가기 위해서는 내가 원하는 것의 기준을 정할 줄 아는 현명함이 있어야 합니다. 이것이 자기와의 타협이자 조율입니다. 한없이 빠져드는 열정을 가졌으되 적당한 선에서 만족할 줄도 아는 지혜가 필요한 것입니다. 바로 이 점이 본능에 가까운 감정으로 움직이는 동물과 사람의 차이입니다.

## 카르마, 원인과 결과의 법칙

삶을 즐겨야 한다는 말을 자주 듣습니다. 개인주의 성향이 극대화된 오늘날에는 더욱 그렇습니다. 삶의 지향마저도 사적 욕구로만 채우려 합니다. 당장의 이익에만 급급할 뿐 미래의 더 큰 만족을 위해 지금을 참으려 하지 않습니다. 당장의 안락함 앞에는 나의 미래조차 아랑곳하지 않겠다는 듯이 행동합니다.

현재의 즐거움과 기쁨, 그 반대로 현재의 괴로움과 슬픔은 언젠가 다시 부메랑이 되어 돌아오게 마련입니다. 그게 삶의 이치입니다. 이것을 불교 철학에서는 카르마karma, 업이라고 한다지요.

옛날 프랑스의 어느 왕이 이런 말을 했다고 합니다.

"내가 죽은 뒤 홍수가 나든 말든……."

참으로 못나빠진 임금이지요. 왕의 행동 하나, 말 한마디가 그대로 국민의 피와 눈물이 되었을 터인데 이런 막말을 해댔으니 국민 알기를 어떻게 알고 왕권을 휘둘렀을까요. 그 시절 프랑스 국민이 아니었던 게 다행이라고 여겨지다가도 그러면 우리는 얼마나 다른가 하는 자괴감에 고개가 숙여집니다. 나 역시 이런 비슷한 마음을 가진 적은 없었는지 돌이켜봅니다.

선악의 결과를 가져오는 원인이 되는 몸과 입과 마음의 소행, 카르마는 어느 누구도 피해가지 않습니다. 더욱이 중요한 위치에 있는 사람이 그 선후를 생각하지 못한다면 참으로 무책임하다고 하지 않을 수 없습니다. 그들의 무책임한 행동, 언행을 보고 있노라면 도대체 무슨 생각으로 그 자리를 지키고 있는지 도저히 이해가 되지 않습니다.

카르마의 관점에서 보건대, 모든 삶은 죽음이 마땅한 귀결입니다. 따라서 '어떻게 살 것인가'라는 문제는 '어떻게 죽을 것인가'와 짝을 이룹니다. 그 반대의 물음도 마찬가지입니다.

나의 죽음을 생각해본 적이 있나요?

나는 대학 강의 때 학과목에 관계없이 중간고사가 끝나면 학생들과 유언 쓰기를 함께하는 시간을 갖습니다. 물론 나도 매번 합니다. '어떻게 죽을 것인가?'라는 물음은 결국 '어떻게 살 것인가'에 대한 답을 주기 때문입니다. 삶의 모든 사건이 원인과 결과로 엮여 있듯이, 이 세상에 태어난 이상 죽음은 어김없이 찾아옵니다. 유언 미리 써보기는 죽음이라는 결과를 미리 떠올림으로써 현재의 삶을 반추해보자는 게 그 의도입니다.

한 사람의 얼굴과 그의 죽음이 떠오릅니다…….

노무현과 그의 죽음입니다. 극단적인 죽음을 스스로 선택한 전직 대통령에 대해 무슨 말을 하기란 쉽지 않습니다. 추모의 말 한마디가 적절하겠지요. 하지만 눈치코치 없는 나는 그 사건이 일어났을 때 언론정보학과 학생들을 앞에 두고 노 대통령의 죽음의 카르마를 이야기했다가 어느 학생으로부터 "교수님을 용서하겠습니다."라는 말까지 들었습니다.

"너희들은 피디나 기자가 되길 바라는 학생들이다. 이번 사건에 대해 감정이 앞서 있을 국민들과는 달리 이성적이며 객관적으로 바라볼 필요가 있다."

이렇게 말한 외에도 사실, 강의는 애도의 묵념으로부터 시작되었고 기타까지 준비해서 그분이 즐겨 불렀다던 해바라기의 〈사랑으로〉라는 노래를 들려준 다음이었습니다.

내가 살아가는 동안에 할 일이 또 하나 있지.

……

아아 영원히 변치 않을 우리들의 사랑으로

어두운 곳에 손을 내밀어 밝혀주리라.


'어두운 곳에 손을 내밀어 밝혀주리라'는 구절에서는 끝내 눈물이 흘렀습니다.

하지만, 나는 노 대통령은 그렇게 가지 말아야 했다고 말했습니다. 하늘이 무너지는 아픔이 있더라도 피를 토할 만큼 억울한 심정이어도 말입니다. 그게 대통령을 맡은 자의 카르마라는 게 내 생각이었습니다.

그의 자살에 대해 당시의 해외 언론에선 어떻게 다루겠느냐고 학생들에게 물었습니다. 당연히 대통령 임기 중 비리를 조사받던 전직 대통령의 자살이 대부분이었습니다. 국내 거대 언론들도 그 모양이었는데 하물며 우리와 무관한 다른 나라의 언론이야 더 무엇을 기대할 수 있을까요? 팩트를 중시하는 언론의 속성으로 보더라도 그렇게밖에 보도할 수 없었을 것입니다.

그는 더구나 변호사 출신입니다. 법 앞에서도, 동시에 정치탄압 앞에서도 당당하지 못했다고 말했습니다. 결국 죽음으로 인해 당시의 논란이 모두 덮어지게 되었지만, 그의 죽음이 사후 어떤 사회 동요나 변화를 초래할 것인지를 모를 리 없기에 무책임마저 떠올렸다는 말도 덧붙였습니다. 죽음마저도 그 자체로 끝이 아닌 게 카르마입니다.

어쩌면 그의 선택은 자신과의 마지막 타협이었는지도 모르겠습니다. 인권 변호사로서의 활동과 이후의 정치 역정, 대통령이 되고 그 같은 마지막을 맞기까지 그의 삶 또한 기쁨과 괴로움의 무한 반복이었습니다. 치열한 삶일수록 아픔이 크다는 것을 그의 죽음을 통해 다시 한 번 깨닫습니다.

내가 어떤 삶을 선택할지는 전적으로 나 자신의 몫입니다. 다만, 원인이 있으면 결과는 반드시 뒤따른다는 삶의 가장 단순한 이치만큼은 늘 마음에 품고 있어야 할 것입니다. 현재의 삶이 불만족스럽다면 그것은 지난날의 내 삶에 그 이유를 물어야 할 것입니다. 나의 지난날은 오늘의 결과를 알고 있을 테니까요. 마찬가지로, 미래의 삶이 만족스러운 결과로 이어지려면 지금 이 순간 무엇을 해야 할지 고민해야 할 것입니다.

이번에는 '유언 미리 써보기' 입니다.

미리 써보는 유언은 삶에서 진정 소중한 가치가 무엇인지를 깨닫게 해줍니다. 재산이나 유품 처리를 걱정할 필요는 없습니다. 내 자신에게 집중하는 참으로 이기적인 유언이 좋습니다.

내 삶이라고는 하지만 다른 누군가를 위해 살아왔던 시간이 적지 않을 것입니다. 남에게 보여주기 위한 삶을 살아왔을지도 모릅니다. 내 자신은 온데간데없이 말입니다.

미리 써보는 유언은 오로지 나를 위한 시간이어야 합니다. 스스로에게 묻고 스스로에게 답하면 됩니다. 무엇을 써야 할지 잘 떠오르지 않는다면 스스로에게 이렇게 물어보는 건 어떨까요?

'넌 정말 이렇게 살고 싶니?'

유언은 남겨지는 말인 동시에 되돌아보는 말입니다.

# 살아가는 동안의 가장 큰 후회

· 가족을 생각하는 마음 ·

부모가 자식에게 해주는 얘기는 대개 진솔합니다.

'살아보니 이렇더라.'

'나는 그렇게 살지 못했지만 너희만은……'

그 같은 자기 체험 속에 회한을 담아 표현하기 때문입니다. 당연히 부모님 말씀은 세상에서 가장 진솔한 조언이자 애정이 듬뿍 담긴 사랑의 말씀입니다. 하지만 여기에 자식에 대한 기대가 섞이게 되면서 종종 문제를 일으키곤 합니다. 부모의 못 다한 꿈이 기대와 소망으로 이어지면서 어긋난 사랑으로 변질되기 일쑤입니다.

따라서 바르게 이끌어주되 지나친 욕심은 금물입니다. 무엇보다 부모부터가 흔들림이 없어야 합니다.

자식은 부모에게서 모두 물려받습니다. 이것을 결코 잊어서는 안 됩니다. 발가락 모양새까지 닮는다는 유전은 물론이고 생활습관, 살아가는 가치관에서도 자식은 부모에게서 결코 자유로울 수 없습니다. 아이는 자라면서 학교 교육을 통해 배움을 얻지만 이것이 부모로부터 받은 인성을 뛰어넘을 수는 없습니다. 어려서 부모로부터 물려받아 마음 깊숙이 정착된 마음의 프로그램, 마음가짐을 바꾸기란 쉽지 않기 때문입니다.

## 한결같은 마음으로 산다는 것

나의 아버지는 정심正心, 바른 마음에 대해 자식들에게 무척 많은 말들을 들려주었습니다. 정심은 아버지의 평생 신조였고 당연히 우리 집 가훈이 되었습니다.

"점심을 잊더라도 정심을 잊어서는 안 된다."

내가 어렸을 적에 아버지는 현재의 국정원에 해당하는 중앙정보부에 끌려가 심한 고초를 당하신 적이 있었습니다. 60~70년대 중앙정보부 직원들은 민간 사찰을 일삼으며 이권에 개입하는 일이 잦았는데, 당시 재래시장의 대표였던 아버지는 시내 여관으로 끌려가 나흘 동안 젊은 정보부 직원들에게 온몸에 멍이 들도록 맞았습니다. 시장 상인들의 이익을 대변하지 않고 그들의 요구에 순순히 응했다면 그같은 고초와 수모는 당하지 않았을 것이라고 했습니다.

그 무렵 중학생이던 나는 고문으로 온몸에 피멍이 든 아버지의 사진을 우연히 보고는 처음으로 아버지를 존경하게 되었습니다. 자식에게 늘 말씀하시던 대로 바른 마음의 실천을 그 사진에서 보았기 때문입니다.

그러고 나서 5년쯤 뒤부터 아버지의 사업은 크게 기울어 형편이 어려워졌습니다. 아버지는 '정심' 같은 이야기 대신 가족들에게 미안하다는 말씀이 늘었습니다.

세월이 한참 흐른 뒤 어느 날, 아버지와 나 그리고 내 아들 이렇게 셋이서 길을 걸을 때였습니다. 초등학생 아들이 공중전화 부스에서 지갑을 주었다며 내게 가져왔습니다. 두툼했습니다. 무심코 열어보니 한화에 달러와 일본 돈까지 들어 있었습니다. 주민등록증을 보니 서울 사람인 듯했습니다. 마땅히 연락할 방법이 없어 내가 파출소에 가져다주든가 우체통에 넣자고 했습니다. 그러자 아들이 끼어듭니다.

"내가 주은 건데……"

자기가 주었으니 자기 권한이란 듯이 말했습니다. 아버지도 옆에서 거듭니다.

"그래라. 파출소나 우체통에 넣는다고 주인을 확실히 찾는다는 보장도 없고 하니까……"

나는 순간 짜증을, 아니 화가 났습니다.

"아들하고 손자 앞에서 무슨 소리세요?"

나는 아버지와 아들의 의사를 무시한 채 근처 도로가 우체통에 지갑을 던져버리듯 넣었습니다. 그리고 할아버지, 아버지, 아들 3대는 말도 않고 걷다가 할아버지와는 헤어졌습니다.

잠시 후 너무 각박하게 대했던 게 마음에 걸려 아버지께 전화를 했습니다.

"죄송해요. 말씀드리고 나서 우체통에 넣었어야 했는데……"

하지만 끝내 아버지의 마음을 또 긁고 말았습니다.

"우리한테 정심, 바른 마음으로 살라고 그렇게 얘기하셔 놓고 손자 앞에서 어떻게 남의 돈을 갖자고 하실 수 있어요?"

존경스럽던 아버지가 실망스러운 아버지로 바뀐 그날, 아버지로부터 물려받은 '정심'이란 가훈에 하나를 보탰습니다. '한결같이'입니다. 아마도 아버지는 경제적으로 힘들어지면서 바른 마음도 흔들렸는지 모릅니다. 자식이 본 아버지는 그랬습니다…….

한결같은 마음으로 산다는 게 참 쉽지 않습니다. 마음을 지키기 위해서는 그만한 대가를 치러야 하는 경우도 많은 게 인생인가 봅니다. 신문사를 그만둔 일도 그렇고 아내와 헤어져야 했던 가정사도 그랬습니다.

가정 문제로 아들을 외국으로 내보내야 했고, 중도에 포기하고 돌아온 아들은 중학교와 고등학교를 모두 검정고시로 대신해야 했습니다. 그즈음 아들이 이렇게 불평해온 적이 있습니다.

"왜 중앙일보는 나와 가지고 이렇게 힘들게 살아야 해? 교육만큼은 아빠가 날 책임져준다고 약속했잖아요."

이 말을 듣는 나는 참으로 괴로웠지만 다른 말로 나를 감싸고돌 수는 없었습니다. 더 크면 아빠 마음을 이해해줄 날이 있겠지 하는 바람뿐이었습니다. 다만, 교육만은 어떤 투자도 하겠다던 아들과의 약속은 지켜야 했습니다. 제주도 생활은 한 달 30만원이면 충분했지만, 교육비에는 꽤 많은 돈을 들여야 했습니다. 하지만, 시간이 지나 안정을 찾은 아들에게 이제는 이런 농담을 하곤 합니다.

"친구들을 보니 자식들 시집장가 보내느라 엄청 많은 돈이 들던데, 이 아빠는 여기선 완전 자유인이지? 그뿐인가. 아들한테서 십일조까지 받게 될 텐데, 아들이 돈 많이 주는 직장에 들어가게 해달라고 매일 기도해야겠다."

## 삶의 열 가지 큰 후회

겉모습뿐 아니라 자식은 부모의 많은 것을 닮습니다. 뱃속 유전자의 전수와 태어난 후 무의식의 전래입니다. 따라서 자식은 나의 또 다른 모습이기도 합니다.

자식의 잘못된 행위는 대부분 부모로부터 잘못 배운 탓이 큽니다. 말로서야 자식을 잘못된 방향으로 이끄는 부모가 거의 없겠지만, 중요한 것은 행동입니다. 부모의 언행 불일치는 자식에게는 혼란과 함께 비뚤어진 가치관을 심어주는 토대가 됩니다.

또 한 가지, 부모와 자식 혹은 형제간에도 지켜야 할 게 있습니다. 믿음과 배려의 마음입니다. 세상이 워낙에 삭막해지다보니 가족의 울타리조차 흔들릴 때가 많습니다. 알량한 자존심 때문에, 돈 때문에 다툼이 생기는 일이 적지 않습니다. 오히려 서로를 속속들이 잘 알기 때문에 더욱 큰 상처를 줍니다. 무의식적으로 상대가 가장 아파하는 구석을 들춰냅니다.

앞에서, 나 역시 아버지의 가장 아픈 곳을 건드렸는지 모릅니다.

태평해 보이는 사람들도 마음속을 두드려보면 어딘가 슬픈 소리가 난다.

일본의 메이지 시대를 대표하는 소설가 나쓰메 소세키의《나는 고양이로소이다》에 나오는 말입니다. 겉으로 보기에 아무렇지도 않은 사람들조차 속내를 들여다보면 나름의 아픔을 지닌 경우가 적지 않습니다. 가족들도 마찬가지입니다.

어려서부터 함께 살아왔다고는 하지만, 가족들조차 '나'는 아닙니다. 피붙이는 피로 이어진 사이이면서도 각자의 삶을 살 수밖에 없는 존재입니다. '가족이니까……'라는 말로 모든 걸 덮어줄 수는 없겠습니다만, 한편으로 가족일수록 서로 이해하고 배려하려는 관계의 기본을 지켜야 합니다.

주자가 말한 삶의 열 가지 큰 후회, 주자십회훈朱子十悔訓에도 가족에 대한 후회가 그 첫 번째와 두 번째에 자리합니다. 참고로 그가 남긴 열 가지 후회를 모두 옮겨보겠습니다.

    1. 부모에게 효도하지 않으면 돌아가신 후에 뉘우친다.
       不孝父母死後悔

    2. 가족에게 친절히 하지 않으면 멀어진 뒤에 뉘우친다.
       不親家族疎後悔

3. 젊어서 부지런히 배우지 않으면 늙어서 뉘우친다.
   少不勤學老後悔

4. 편안할 때 어려움을 생각하지 않으면 실패한 뒤에 뉘우친다.
   安不思難敗後悔

5. 재산이 풍족할 때 아껴 쓰지 않으면 가난해진 뒤에 뉘우친다.
   富不儉用貧後悔

6. 봄에 씨를 뿌리지 않으면 가을에 뉘우친다.
   春不耕種秋後悔

7. 담장을 제대로 고치지 않으면 도둑맞은 뒤에 뉘우친다.
   不治垣墻盜後悔

8. 색을 삼가지 않으면 병든 뒤에 뉘우친다.
   色不謹愼病後悔

9. 술에 취해 망령된 말을 하면 술 깬 뒤에 뉘우친다.
   醉中妄言醒後悔

10. 손님을 제대로 대접하지 않으면 떠난 뒤에 뉘우친다.
    不接賓客去後悔


이 글을 쓰면서 나도 불효를 절감합니다. 지방으로 겉돌면서 서울의 누나와 여동생에게 부모님에 대한 내 몫을 떠넘겨놓고 있습니다. 특히 늙으신 어머니를 생각하면 가슴이 더욱 미어져 옵니다.

초등학교 6학년 때 태권도를 반달쯤 배우던 내가 엄마 앞에서 자랑한답시고 높이차기를 하다가 다친 적이 있습니다. 욕심이 지나쳐 목표한 높이엔 발이 닿았지만 몸은 거꾸로 떨어져 얼굴로 방바닥을 치고 말았던 것입니다. 코며 입이며 상처에서 피가 그치질 않자 엄마는 나를 업고 병원으로 달려갔습니다. 꽤 먼 거리였습니다. 치료 후 돌아올 때도 엄마는 나를 업었습니다. 그때 어린 마음에 나중에 크면 엄마를 꼭 업어드려야지 했는데, 아직 한 번도 이 마음의 약속을 지키지 못했습니다.

2년 전쯤, 팔순의 모친이 치매에 걸려 자식을 잘 알아보지 못할 때였습니다. 엄마보다 7년 더 나이가 드신 아버지 역시 몸을 제대로 가눌 수 없었습니다. 그때 형제들이 모여 고작 생각한다는 게 양로원으로 두 분을 모시는 일이었지만, 차마 그럴 순 없었습니다.

그즈음 꿈을 꿨습니다. 엄마가 내 등에 업혀 있었습니다.


"엄마, 지금 어디로 가는지 알아?"

엄마는 아무 대답이 없었습니다.

"엄마, 자?"

"아니."

"근데 왜 대답이 없어?"

또 말이 없습니다. 대신 엄마는 말아 감은 두 손으로 내 목을 꼭 잡았습니다.

"엄마, 생각나? 내가 어렸을 때 엄마가 나를 업고 병원에 데려갔었는데 그때는 엄마가 뛸 수도 있었어.”

그래도 말이 없습니다.

“엄마가 걷지도 못하니깐 이제야 엄마를 업었네. 엄마, 아들 등 편하지?”

가늘게 고개를 끄덕이는 걸 등 뒤로 느낄 수 있었습니다.

“엄마, 나도 벌써 오십이 넘었어. 다리가 휘청거리긴 해도 엄마를 업을 수 있는데, 어째서 젊어서는 한 번도 업어드리지 않았지, 내가? 엄마…… 내가 자주 올게.”

“그럴 필요 없다. 너희들이나 잘살아. 우리야 다 살았는걸.”

양로원이 가까워오고 있었지만, 차마 발길이 떨어지지 않습니다. 그 순간 무슨 생각이 들어서일까요, 나는 엄마를 업은 채 오던 길로 방향을 되돌렸습니다.

“무거울 텐데 빨리 안 가고 어디로 가는 거냐?”

“엄마, 더 업고 싶어서!”

“됐다. 너도 이제 네 몸 간수 잘하고 살아야 한다. 너도 늙었잖니?”

“……”

이젠 내가 대답을 못 합니다.


화들짝 놀라 나는 잠에서 깨어났습니다. 이미 준 것은 잊어버리고 못 다준 사랑만을 기억하는 이가 부모라고 했습니다. 그게 어머니의 마음이라는 것을, 나이 오십이 넘어서야 어렴풋하게나마 깨닫습니다. 그 마음을 아는 게 살아가는 동안에 가장 필요한 마음이 아닐까 하는 생각도 듭니다.

나는 한동안 자리에서 일어나지 못하다가 어머니 방을 찾았습니다. 그리고 그날 난생처음 '사랑해'라고 말하며 엄마를 가슴 품에 꼭 안았습니다. 엄마의 입에 난생처음 입을 맞췄습니다.

다음에는 아흔한 살의 아버지를 업어드려야겠습니다.

# 조금 더
# 행복해지기 연습

아버님이 돌아가신 후
남기신 일기장 한 권을 들고 왔다
모년 모일 '終日本家'
'종일 본가'란
하루 온종일 집에만 계셨다는 이야기다
이 '종일 본가'가
전체의 팔 할이 넘는 일기장을 뒤적이며
해 저문 저녁
침침한 눈으로 돋보기를 끼시고
그날도 어제처럼
'종일 본가'를 쓰셨을
아버님의 고독한 노년을 생각한다
……

이동순 시인의 〈아버지의 일기장〉이란 글 일부입니다. 세상의 모든 자식은 부모가 떠난 뒤에 후회하고 부모는 그런 후회를 미리 알고 떠난다고 합니다. 1년에 한 번 함께 여행을 하자던 아들과의 약속은 부모님께 먼저 실천해야 할 것 같습니다. 그게 어렵다면 하다못해, 이제는 거동이 불편한 부모님을 화장실 가실 때만이라도 잠깐 업어드려야 할 것 같습니다.

커피를 우려내 그린 그림 글자

'웃'자가 웃음을 짓습니다.

행복해서 웃는 게 아니라 웃기 때문에 행복해집니다.